역사의 숲에서 위인을 만나다

망우역사문화공원

천천히읽는책_60

망우역사문화공원

글, 사진 김영식

펴낸날 2023년 2월 23일 초판1쇄
펴낸이 김남호 | 펴낸곳 현북스
출판등록일 2010년 11월 11일 | 제313-2010-333호
주소 07207 서울시 영등포구 양평로 157, 투웨니퍼스트밸리 801호
전화 02) 3141-7277 | 팩스 02) 3141-7278
홈페이지 http://www.hyunbooks.co.kr | 인스타그램 hyunbooks
편집 전은남 | 책임편집 류성희 | 디자인 디.마인 | 마케팅 송유근 함지숙
ISBN 979-11-5741-353-9 73910

글 ⓒ 김영식 2023

이 책은 저작권법에 의하여 보호를 받는 저작물이므로 무단 전재 및 복제를 금지하며,
이 책 내용의 전부 또는 일부를 이용하려면 반드시 저작권자와 현북스의 허락을 받아야 합니다.

⚠ 주의 종이에 베이거나 긁히지 않도록 조심하세요. 책 모서리가 날카로우니 던지거나 떨어뜨리지 마세요.

역사의 숲에서 위인을 만나다

망우역사문화공원

김영식 글·사진

현북스

머리말

망우역사문화공원은 어떤 곳일까요?

망우역사문화공원은 숲이 울창하고 경치가 아름다운 시민의 공원입니다. 하지만 몇 십 년 전 망우리공동묘지였던 시절에는 나무도 거의 없는 쓸쓸한 곳이었습니다.

예전에는 그럴 수밖에 없었습니다. 산 사람의 동네인 도시에도 초라한 풍경이 많았습니다. 일자리를 찾아 서울로 올라온 사람들 가운데는 산기슭에 판잣집을 짓고 사는 사람도 많았습니다. 도시와 공동묘지의 모습이 별로 다르지 않았습니다.

그처럼 어려운 환경 속에서도 우리 조상은 열심히 배우고 일해서 우리나라를 세계적인 경제대국으로 만들었습니다. 망우리공동묘지도 그동안 여러 변화를 겪으며 울창한 숲으로 둘러싸인 역사문화공원으로 아름답게 바뀌었습니다.

해외여행을 다니면서 서양에서는 공동묘지가 학생들의 수학여행 코스나 시민의 관광 명소로 많이 활용된다는 것도 알게 되었습니다. 묘는 다른 어떤 곳보다 고인을 가장 가깝게 만날 수 있는 곳입니다. 고인의 삶을 비석의 글이나 조각품을 통해 읽고 느낄 수 있습니다. 그리고 바로 앞에 잠들어 계시니 좀처럼 잊히지 않는 체험학습의 현장입니다.

 망우역사문화공원에 가면 교과서에도 나오는 많은 위인을 만날 수 있습니다. 나라를 위해 목숨을 바친 분들의 비문을 읽으며 애국심을 키울 수 있습니다. 문화예술에 큰 업적을 남긴 분들의 자취를 보면서 자신의 꿈을 키울 수도 있습니다. 그러면서 공원의 사잇길을 한 바퀴 돌면 운동도 되고, 전망대에서는 멋진 경치도 즐길 수 있습니다.

 그리고 무엇보다 중요한 것은 '망우(忘憂)'라는 이름의 의미입니다. '망우'는 근심을 잊는다는 뜻입니다. 지금 여러분의 근심은 잡생각이 많거나 금방 게을러져서 공부가 잘되지 않는 것이겠죠? 아직 마음이 약하기 때문에 그렇습니다. 몸의 근육을 단련하기 위해 피트니스센터에서 역기를 들듯이, 마음의 근육을 다지기 위해 우리는 독서도 하고 체험학습도 합니다. 새롭게 떠오른 마음 단련의 장소가 바로 망우역사문화공원입니다.

망우역사문화공원은 거대한 근대사 박물관이에요

   망우역사문화공원은 야외에 넓게 펼쳐진 거대한 근대사 박물관입니다. 이번 주말에 당장 가족과 함께 공원을 한 바퀴 돌아보세요. 친구와 혹은 가족과 소중한 추억도 쌓으면서 한 바퀴 돌면 무언가 기분이 상쾌해지며 근심이 없어지는 것을 느낄 수 있습니다. 망우역사문화공원의 위인처럼 여러분도 나라와 민족에 도움이 되는 훌륭한 사람이 될 수 있습니다.

   망우역사문화공원은 무척 넓어서 다 돌아보려면 며칠이 걸립니다. 그래서 이 책을 들고 다니면서 3일에 걸쳐 하루 두 시간쯤 천천히 묘역을 돌아볼 수 있도록 3회 분의 체험학습 코스로 나누어 보았습니다.

- **첫째 날 코스** : 13도창의군탑(의병) → 중랑망우공간 → 이태원무연분묘 합장묘(유관순 열사) → 망우리 사잇길 입구 → 이중섭(화가) → 오재영(애국지사) → 박인환(시인)

- **둘째 날 코스** : 김상용(시인) → 지석영(의사) → 구리(한강)전망대 → 이인성(화가) → 안창호와 유상규(애국지사) → 아사카와 다쿠미(민예연구가) → 방정환(아동문학가) → 명온공주(왕족)

- **셋째 날 코스** : 오세창(서화가) → 문일평(언론인) → 한용운(애국지사) → 조봉암(정치가) → 박찬익(애국지사) → 중랑전망대 → 최학송(소설가) → 국민강녕탑(최고학)

이 책을 들고 망우역사문화공원을 돌아보며 역사 속의 다양한 역사 인물과 만나는 시간을 즐겨 보시기 바랍니다.

김영식

차례

머리말 4

망우역사문화공원 안내 지도 10

1. 첫째 날 코스

13도창의군탑_독립을 향한 연합 의병의 큰 뜻 14
중랑망우공간_근심을 잊는 장소 21
이태원무연분묘 합장묘_백 년 만에 찾은 유관순 열사의 묘 25
망우리 사잇길_경계를 넘고 경계를 허무는 길 32
국민화가 이중섭_떠나보낸 가족을 그리며 쓸쓸히 잠들다 36
애국지사 오재영_의열단원 박재혁을 끝까지 도운 친구 44
박인환 시인_목마를 타고 하늘로 떠난 시인 50

2. 둘째 날 코스

김상용 시인_'그저 웃지요'의 원조 60
송촌 지석영_코로나 재난으로 다시 생각나는 의학자 66
구리(한강)전망대_역사의 중심에서 해를 맞이하다 74
서양화가 이인성_최고가 된 대구의 천재 소년 화가 78

도산 안창호와 제자 유상규_그 스승에 그 제자, 사제 애국지사　86
아사카와 다쿠미_우리의 친구 민예연구가　94
소파 방정환_동화 속으로 떠나간 어린이의 동무　101
명온공주와 부마 김현근_고종의 고모와 고모부　109

3. 셋째 날 코스
위창 오세창_우리나라 최고의 서화가　118
호암 문일평_한국학의 선구자　126
만해 한용운_시 '님의 침묵'을 쓴 최고의 애국지사　132
죽산 조봉암_말 없는 비석이 전하는 뜻　140
남파 박찬익_자신을 팔지 않은 진정한 지사　147
중랑전망대_남산까지 바라다보인다　154
서해 최학송_가난한 사람들의 삶을 그린 소설가　158
국민강녕탑_최고학 할아버지가 홀로 쌓은 탑　164

부록
망우역사문화공원의 주요 유명 인사　172
망우역사문화공원 찾아 가는 길　174

1. 첫째 날

13도창의군탑에서 시인 박인환까지

• 첫째 날 코스 가이드

①13도창의군탑(의병) → ②중랑망우공간 → ③이태원무연분묘 합장묘(유관순 열사) →
④망우리 사잇길 입구 → ⑤이중섭(화가) → ⑥오재영(애국지사) → ⑦박인환(시인)

13도창의군탑
독립을 향한 연합 의병의 큰 뜻

　13도창의군탑은 1907년 전국에서 일어난 의병들이 모여서 서울 진격작전을 벌인 것을 기념하여 세워진 탑입니다. 대한제국(1897~1910년) 당시 전국은 13도였습니다. '창의(倡義)'는 의병을 일으킨다는 말입니다.

　13도창의군탑은 1991년 8월 15일 동아일보사에서 세웠고, 높이는 15미터입니다. 탑의 설계자는 독립기념관 정문의 조각품으로도 유명한 김영중(1926~2005년) 조각가입니다. 비문은 국사편찬위원장을 지낸 한림대 최영희(1926~2005년) 교수가 지었습니다.

　비문을 읽어 봅니다. 비문은 고인의 삶이나 사건을 가장 간략하게 정리한 글입니다.

13도창의군탑.
의병의 거룩한 뜻이 하늘을 찌르고 있는 듯한 모습으로, 탑의 위쪽에 검은 바탕에 흰색으로 훈장 대한민국장이 조각되어 있어요.

"동대문 밖 30리(1리는 약 400미터이니 약 12킬로미터) 이 언저리는 항일 의병의 구국 혼이 어리어 있는 곳이다. 일제에게 군대마저 강제 해산되어 민족사가 끊어지려는 위기에 전국 의병이 서울로 진격하고자 1907년 11월 경기 양주 땅에 집결하였다. 1만여 명에 이르는 의병은 13도 창의대진소를 설립하고 총대장에 이인영을, 군사장에 허위를 추대하였다. 다음 해 1월 허위는 300명의 선봉 결사대를 이끌고 서울로 진격하다 이곳에서 일본군과 혈전을 벌였으나, 후속 부대의 도착이 늦어 중과부적으로 퇴진하지 않을 수 없었다. 그 후 허위는 임진강을 근거지로 서울을 공격하였으며, 전국에서 의병전쟁이 더욱 치열하여졌다. 비록 서울을 탈환하지는 못하였으나, 민족의 독립과 자유를 쟁취하려는 연합 의병들의 그 큰 뜻은 길이 빛나고 있다."

13도 창의군은 왜 소중할까?

1919년 3·1운동은 온 겨레가 떨쳐 일어난 비무장 독립운동이었습니다. 민족 모두가 함께했다는 점이 중요합니다. 그리고 대한제국 말기에 전국 각지에서 일어난 의병들이 따로 투쟁하다가, 1907년 13도 창의군으로 함께 힘을 모아 무장 독립전쟁을 벌였다는 점에 큰 의의

가 있습니다.

그 후 13도 창의군에 가담했던 많은 의병은 중국의 만주, 러시아의 연해주(중심 도시는 블라디보스토크) 지역으로 탈출하여 독립 투쟁을 계속 펼쳤습니다. 그러므로 13도 창의군은 8·15 광복 때까지 해외에서 끊임없이 이어진 독립 투쟁의 시작이었다고 볼 수 있습니다.

13도 창의군의 총대장은 이인영(1867~1909년)이었습니다만, 그는 서울 진격을 앞두고 부친이 사망하는 바람에 고향으로 돌아갔습니다. 조선 말기에는 나라에 대한 충성보다 부모에 대한 효도를 더욱 중시하는 예도 있었습니다.

왕산 허위, 13도 창의군을 이끌다

군사장인 왕산 허위(1854~1908년)가 고향으로 돌아간 이인영을 대신하여 13도 창의군을 이끌었습니다. 그래서 역사에서는 허위가 13도 창의군을 대표하는 인물로 기록되었습니다. 허위는 평리원(법원) 판사와 비서원승(비서실장)을 지낸 고위 관리였습니다. 1907년 경기도에서 의병을 모아 포천, 양주, 철원, 연천 등지에서 의병장으로 활동하고, 13도 창의군에는 경기대장 겸 군사장으로 참여하였습니다.

13도 창의군 총대장 이인영.
서울 진격을 앞두고 부친이 사망하여 고향으로 돌아갔어요. (사진·위키피디아)

왕산 허위.
고향으로 돌아간 이인영을 대신하여 13도 창의군을 이끌었어요. (사진·위키피디아)

대한제국 말기에 전국 각지에서 일어난 의병들.
1907년 13도 창의군으로 함께 힘을 모아 무장 독립 전쟁을 벌였어요. (사진·위키피디아)

1908년 1월 허위는 300명의 결사대를 이끌고 동대문 밖 30리 지점인 이곳 망우리에서 일본군과 전투를 벌였습니다만, 막강한 화력을 갖춘 일본군을 이길 수 없었습니다. 그리고 사전에 신문에 정보가 새나가는 군사 전술의 미숙함도 있었습니다.

　피신한 허위는 이후 임진강, 한탄강 지역으로 물러나 다시 진격을 준비하다가, 6월 포천에서 체포되어 서대문형무소에 갇혔습니다. 허위는 심문을 받는 과정에서도 당당한 지조, 깊은 학문으로 일본 헌병사령관을 감복시켰습니다. 또한 거사 이유를 묻는 재판장의 질문에 허위는 "이토 히로부미가 우리나라를 뒤집어 놓지 않았다면 의병은 일어나지 않았을 것이다. 그러니 의병을 일으킨 게 이토가 아니고 누구겠느냐"고 하며 끝까지 독립의 뜻을 굽히지 않았습니다. 허위는 1908년 10월 21일 서대문형무소 제1호 사형수로 나라에 목숨을 바쳤습니다.

　1909년 하얼빈에서 이토 히로부미를 권총으로 처단한 안중근 의사는 재판 때 왕산 허위에 관해 이렇게 말했습니다.

　"우리 이천만 동포에게 허위와 같은 충성과 용맹의 기상이 있었다면 오늘과 같은 굴욕을 받지 않았을 것이다. 원래 고관은 자기 몸만 알고 나라는 모르는 법이지만, 그는 그렇지 않았다. 따라서 그는 관리 중에 제일의 충신이라 할 것이다."

　많은 고관 중에 이렇게 자신의 몸을 바쳐 의병 투쟁에 나선 이가 드물기에 왕산 허위가 더욱 빛이 난다고 말한 것입니다.

　정부는 허위에게 1962년 건국훈장 최고의 대한민국장을 수여하였고, 서울시는 1966년 허위의 호 '왕산'을 따서 청량리 로터리에서 동대문까지를 '왕산로(旺山路)'라고 이름 지었습니다. 2010년부터는 회기동 시조사 삼거리에서 신설동 오거리까지를 말합니다. 왕산 허위를 이순신(충무로), 이황(퇴계로), 을지문덕(을지로)과 동급의 위인으로 받들고 있는 것입니다.

　13도창의군탑의 위쪽 면을 바라보면 검은 바탕에 흰색으로 훈장 대한민국장이 조각되어 있습니다. 얼마나 영예로운 표지입니까. 의병의 거룩한 뜻이 하늘을 찌르고 있는 듯한 모습으로 13도창의군탑이 우뚝 서 있습니다.

중랑망우공간
근심을 잊는 장소

　중랑망우공간은 2022년 4월 1일 개관하였습니다. 이곳에는 망우역사문화공원을 찾는 사람들을 위한 사무실과 카페, 교육전시관, 미디어홀 등이 있습니다.

　건물의 이름을 통해 망우리의 의미를 살펴보도록 하겠습니다. '망우'는 잊을 망(忘), 근심 우(憂), 즉 '근심·걱정을 잊는다'는 뜻입니다. 그러니까 중랑망우공간은 중랑구에 위치한 '근심을 잊는 곳'입니다.

　이 동네에는 다음과 같은 전설이 내려오고 있습니다.

　조선 태조 이성계는 스님 무학대사와 함께 자신이 죽은 다음 묻힐 묏자리를 찾아다녔습니다. 옛날에는 명당에 묘를 만들어야 가문이

중랑망우공간.
태조 이성계가 자신이 점지한 묏자리를 내려다보며 흡족한 마음에 "이제야 근심을 잊겠구나" 하며 이 동네에 '망우'라는 이름을 붙였다고 해요.

오랫동안 번성한다는 믿음이 있었습니다. 태조 이성계도 조선이 영원토록 이어지기를 바라는 마음에서 좋은 묏자리를 찾았습니다. 마침내 찾은 곳이 지금의 구리시 동구릉 안에 있는 건원릉입니다.

건원릉은 앞으로 한강이 바라다보이는 참으로 경치가 좋은 곳입니다. 명당의 기본 조건은 배산임수(背山臨水), 즉 산을 등지고 앞으로 강이 바라다보이는 곳입니다. 또 이곳은 해돋이의 경치도 멋집니다. 이성계는 왕에 오른 후에 자신의 이름을 이단(李旦)으로 고쳤습니다. 단(旦)은 땅 위로 해가 떠오르는 모양입니다. 나라 이름 조선(朝鮮)도 밝은 아침 해가 뜬다는 의미입니다. 조선이라는 나라 이름, 이단이라는 태조의 이름과도 어울리는 곳입니다.

태조 이성계는 한성으로 돌아오는 길에 언덕에 올라서서 자신이 점지한 묏자리를 내려다보았습니다. 참으로 흡족한 마음에 "이제야 근심을 잊겠구나" 하여 그 고개를 망우고개라 하였고, 아랫마을을 망우리(忘憂里)라고 하였습니다.

망우리 사람들은 임금님이 내려 주신 영예로운 이름이라 하여 조선 오백 년 동안 자부심을 품고 살았습니다. 망우리는 조선 중기부터 망우리면이 되었습니다. 지금의 면목동을 제외한 중랑구 전체 지역이었습니다. 망우면이라 하지 않고 망우리면이라 한 것은 지금의 청량리동처럼 조선 건국의 이야기가 담긴 '망우리'의 역사적 의미를 소중히 하였기 때문입니다.

그러나 1933년 일제가 이곳에 공동묘지를 만들며 어두운 역사가 시작되었습니다. 1973년 묘지 사용을 중단했을 때 약 4만7,000기의 묘가 있었습니다. 서울에서 가장 큰 공동묘지 망우리는 어느덧 죽음을 나타내는 말이 되었습니다. 나무 하나 없는 매우 황량하고 어두운 이미지라서 동네 사람들도 망우리라는 지명을 창피하게 생각했습니다. 동네 이름을 바꾸자고 서명 운동을 하는 사람도 있었습니다.

망우리는 근심을 잊지 못하는 동네가 되었습니다.

그러나 1990년대 후반부터 망우리공동묘지에 우리나라 근대의 새벽을 밝힌 선구자들이 많이 잠들어 계시는 것이 차차 알려지면서, 지금은 많은 시민과 학생이 찾는 역사문화공원으로 바뀌었습니다. 동네 사람들도 근심을 잊고 옛날의 자부심을 되찾았습니다. 또한 근심을 잊는다는 원래의 의미 그대로, 공원에서의 체험을 통해 근심을 잊을 수 있게 되었습니다.

중랑망우공간 1층에는 망우리의 역사가 기록되어 있습니다. 그리고 미디어홀에서는 망우역사문화공원 관련 영상을 볼 수 있습니다.

중랑망우공간 2층에서 바라다보이는 모습.
2022년 4월에 새로 개관한 중랑망우공간은 '근심·걱정을 잊는 곳'이라는 뜻을 갖고 있어요.

이태원무연분묘 합장묘
백 년 만에 찾은 유관순 열사의 묘

　이태원무연분묘 합장묘는 무엇이고, 유관순 열사와는 어떤 관계가 있을까요? 앞에 큰 돌이 하나 서 있습니다. 앞면에는 '이태원묘지 무연분묘 합장비', 뒷면에는 '소화 11년(1936) 12월 경성부'라고 새겨져 있습니다. 1912년 조선총독부는 묘지 관련 법률을 만들어 공동묘지 외에는 묘를 만들지 못하게 하였습니다. 이에 따라 경성부(서울시)는 1913년 19개소를 공동묘지로 지정하였습니다. 미아리, 수철리(금호동), 신사리(은평구), 이태원 등이었습니다. 그러나 20년이 지난 1930년대에 공동묘지가 모두 가득 차면서, 1933년 당시 경기도 양주군에 속했던 망우리 지역을 새로운 공동묘지로 지정하였습니다.

　그리고 도시가 커지면서 시내의 공동묘지를 하나씩 없애며 망우리

이태원무연분묘 합장묘.
1936년 유관순 열사를 비롯한 약 2만8,000기의 이태원 무연고 묘를 화장하여 이곳으로 옮기고 합장비를 세웠어요. 오른쪽 검은색 비석은 2018년 세워진 '유관순 열사 분묘 합장 표지비'예요.

묘지로 옮기도록 했습니다. 이태원묘지도 택지 개발로 없애고 망우리로 이장시켰는데, 아무도 돌보지 않는 무연고 묘가 많았습니다. 당시에는 먹고 살기도 힘들어 묘를 돌보지 못하는 사람이 많았고, 일단 제대로 연락도 되지 않았던 시절입니다. 경성부는 1936년 약 2만 8,000기의 무연고 묘를 화장하여 바로 이 장소로 옮기고, 그 앞에 '함께 묻은 것을 기념'하는 합장비를 세웠습니다.

합장비 바로 오른쪽에 '유관순 열사 분묘 합장 표지비'가 있습니다. 2018년 8월 7일 유관순열사기념사업회와 이화여고 동창회, 3·1여성동지회 등이 함께 뜻을 모아 세운 비석입니다. 뒷면을 보면 어째서 이곳이 유관순 열사와 관계되는지 적혀 있습니다.

"1920년 9월 28일 18세의 꽃다운 나이에 그토록 목마르게 기다리던 독립을 보지 못한 채 순국하였다. 1920년 10월 12일 이화학당에서 유 열사의 시신을 인도하여 10월 14일 정동교회에서 김종우 목사의 집례로 장례식을 거행한 후 이태원묘지에 표석도 없이 안장되었다. 경성부가 이곳을 1935년부터 1936년 4월까지 망우리공동묘지로 이장할 때, 유 열사 묘를 포함한 연고자가 없는 2만8,000여 분묘를 화장하여 이곳에 합장하고 위령비를 세웠다."

유관순 열사의 수형 기록표.
1919년 만세 운동을 이끌었다는 죄목으로 체포되어 서대문형무소에 갇혔어요. (사진·위키피디아)

유관순 열사 영정.
형무소 안에서도 만세를 외치다 1920년 18살의 꽃다운 나이에 순국하였어요. (사진·위키피디아)

이화학당에 다니던 시절의 유관순 열사(윗줄 오른쪽 끝).
유관순 열사는 순국한 뒤 이태원묘지에 묻혔지만 돌볼 사람이 없어 방치되다가, 연고가 없는 다른 묘들과 함께 망우리공동묘지로 이장되었어요. (사진·위키피디아)

비석도 돌보는 사람도 없었던 묘

1902년 충남 천안에서 태어난 유관순 열사는 1919년 이화학당 고등과 1학년 때 서울의 3·1운동에 참여한 후에 고향으로 내려와 어른들과 함께 4월 1일 아우내 장터에서의 만세운동을 이끌었습니다. 그 후 일경에 체포되어 3년형을 선고받고 서대문형무소에 갇혔습니다. 유관순 열사는 옥중에서도 독립만세를 외치다가 간수의 폭행과 고문으로 순국하였습니다.

이태원공동묘지에 묻혔지만, 부모님은 만세운동 때 돌아가시고 삼촌과 오빠도 감옥에 갇혀서 묘를 돌볼 사람이 없었습니다. 그러다가 1936년 이태원묘지가 사라지면서, 비석도 없었던 유관순 열사의 묘는 아무도 찾을 수 없게 되었습니다. 찾아가 인사를 드릴 곳이 없으니 얼마나 안타까운 일인가요. 그래서 1989년 고향 천안의 매봉산 기슭에 유관순 열사의 영혼을 위로하는 초혼묘(유골 없는 고인의 혼을 모신 묘)를 만들어 아쉬움을 달래 왔습니다.

그러다가 제가 2015년 『그와 나 사이를 걷다』 개정판에서 이태원묘지 무연분묘와 유관순 열사의 관계를 처음 소개하자, 이 사실이 차차 세상에 널리 알려지면서 유관순 열사를 추모하는 전국의 많은 사람이 이곳을 찾아오게 되었습니다. 유관순열사기념사업회도 이곳

천안의 매봉산 기슭에 있는 유관순 열사 초혼묘.
초혼묘란 유골 없이 고인의 혼만 모신 묘로, 1989년 유관순 열사의 고향인 이곳에 만들어졌어요.

을 열사의 묘로 인정하여 2018년 표지비를 세웠습니다.

정부는 유관순 열사에게 1962년 건국훈장 독립장을 추서(사망 후 훈장 수여)하였는데, 2019년 최고 등급인 건국훈장 대한민국장을 추가로 추서하였습니다. 중랑구도 소중한 이 장소를 기리기 위해 많은 예산을 들여 묘역을 정비하고, 유관순 열사 순국 100주년인 2020년 9월 28일 유관순열사기념사업회와 함께 추모식을 열었습니다. 이후 매년 9월 28일 오전은 천안에서, 오후 3시에는 이곳에서 유관순 열사의 추모식이 열리고 있습니다.

그리고 또 하나 놀라운 사실이 있습니다. 서울의 3·1운동에 함께 참여하였던 이화학당 동기 김분옥(1903~1966년)도 우측 뒤편 언덕에 묘가 있고, 맞은편 언덕에는 '유관순'의 노랫말을 지은 아동문학가 강소천(1915~1963년)의 묘가 있습니다. 강소천 선생의 '유관순' 노래를 부르며 열사의 높은 뜻을 기려 봅시다.

삼월 하늘 가만히 우러러보며
유관순 누나를 생각합니다
옥 속에 갇혔어도 만세 부르다
푸른 하늘 그리다 숨이 졌대요
삼월 하늘 가만히 우러러보며
유관순 누나를 생각합니다
지금도 그 목소리 들릴 듯하여
푸른 하늘 우러러 불러봅니다.
- 유관순(강소천 작사, 나운영 작곡) -

망우리 사잇길
경계를 넘나들고 경계를 허무는 길

중랑망우공간 위쪽 삼거리에서 오른쪽으로 가면 바로 왼편에 이정표가 보이는데, 위에 '망우리 사잇길', 아래에 '경계를 넘나들고 경계를 허무는 길'이라고 적혀 있습니다. 무슨 말일까요?

망우리 사잇길은 2016년 서울시가 공원 내에 만든 인문학 길의 이름입니다. 묘역 길의 정비, 이정표와 안내판의 설치, 그리고 세 곳의 전망대(중랑전망대, 구리전망대, 망우전망대)와 세 곳의 쉼터(사색의 숲, 생명의 숲, 치유의 숲)를 만들고 명언을 새긴 상자 15개를 곳곳에 놓았습니다. 이정표와 안내판이 이때 처음 생겼습니다.

사잇길이란, 묘지의 사이, 삶과 죽음의 사이, 어제와 오늘의 사이, 그(고인)와 나 사이를 걸어가는 길이라는 의미입니다. 간단히 말하자

망우리 사잇길 입구.
사잇길이란 묘지의 사이, 삶과 죽음의 사이, 어제와 오늘의 사이, 고인과 나 사이를 걸아가는 길이라는 의미예요.

면, 묘지 사이를 걸어가며 비석을 읽는 체험을 통해 깨달음을 얻는 길입니다.

'사이(間)'는 한곳과 다른 곳 또는 한 사람과 다른 사람까지의 거리입니다. 사이가 가까우면 친구라고 하죠. 그런데 그 사이에 벽이나 울타리가 만들어지면, 그것은 서로의 사이를 막거나 나누는 경계가 됩니다. 대표적인 예로, 정치인들이 빨간 당과 파란 당으로 나뉘어 다투는 것을 매일 봅니다.

망우리 사잇길에 있는 사진 가벽.
사진 속 애국지사나 문화예술인을 만나면서 걷다 보면 우리는 어떻게 남을 위해, 세상을 위해 살아갈지 생각해 볼 수 있어요.

망우리 사잇길의 명언 상자.
사잇길에서는 세 곳의 전망대와 세 곳의 쉼터, 그리고 곳곳에 세워진 이정표와 안내판 등을 만날 수 있어요.

사잇길이 전하는 말은, 아름답고 따뜻한 세상을 만들기 위해 자기만을 위하는 이기적인 경계를 허물고 대화를 나누고 손을 잡자는 것입니다. 거짓은 많지만 진리는 오직 하나입니다. 사람 얼굴이 다르듯 취미는 서로 다를 수 있지만, 세상을 좋게 만드는 방법도 다를 수 있지만, 목적은 다르지 않습니다. 산의 정상으로 오르는 길은 많지만 정상은 한곳입니다. 꼭 내가 선택한 길만이 바르다고 고집하지 말고, 마음에 들지 않아도 다수가 결정하면 자신을 양보하고 따라갈 수도 있어야 합니다.

책을 많이 읽으면 그런 마음가짐을 가질 수 있게 되고, 망우리에서의 체험도 그렇습니다. 묘지 사이를 걸으면서 나라에 몸 바친 애국지사나 예술로 세상을 아름답게 만드는 데 공헌한 문화예술인의 삶을 바라보면서 우리는 어떻게 남을 위해, 세상을 위해 살아갈지 생각할 시간을 갖게 됩니다. 홍익인간(弘益人間), 즉 널리 세상을 이롭게 하는 사람이 될 수 있습니다.

이정표를 따라 왼편 사잇길을 15분쯤 올라가면 망우산 능선에 닿습니다. 구리(한강)전망대와 도산 안창호의 묘터가 가까운 곳입니다. 이 길은 나중에 다른 기회에 올라가 보시기 바랍니다.

국민화가 이중섭
떠나보낸 가족을 그리며 쓸쓸히 잠들다

　이중섭(1916~1956년)은 평안남도 평원군에서 농사를 크게 짓는 부잣집의 막내로 태어났습니다. 평양 종로보통학교(초등학교)를 졸업하고, 오산고등보통학교(현 오산중고)에 들어갔습니다. 당시 미술 교사가 미국 예일대학 출신의 화가 임용련이었습니다. 훌륭한 선생님의 지도를 받으며 화가의 꿈을 키우고, 1937년 도쿄의 문화학원에 입학하였습니다.

　이중섭은 키가 크고 잘생겼으며 운동과 노래도 잘해 많은 여학생의 관심을 끌었습니다. 나중에 부인이 된 야마모토 마사코도 그중의 한 사람이었습니다. 두 사람은 어느 날 실기 수업이 끝나고 수돗가에서 우연히 나란히 서서 붓을 빨면서 가까워졌습니다.

우리나라의 대표 서양화가 이중섭.
이중섭은 우리나라에서 가장 사랑받는 화가 가운데 하나예요. (사진·위키피디아)

이중섭의 대표 작품인 '황소'.
이중섭은 소와 닭 등 한국을 나타내는 동물을 그려 우리의 마음을 주로 표현했어요. (사진·위키피디아)

이중섭의 은지화 작품.
은박지에 송곳 같은 날카로운 도구로 그린 후에 물감을 칠하고 헝겊으로 닦아내서 그린 그림이에요. (사진·위키피디아)

이중섭은 졸업하던 해 1943년 미술창작가협회전에서 협회상을 수상하며 활동하다가 태평양전쟁이 심해지는 가운데 일본의 징병(군대에 끌려감)을 피해 귀국하였습니다.

부인과 두 아들을 일본으로 떠나보내고

1945년 홀로 조선으로 건너온 야마모토 마사코와 원산에서 결혼하고 이남덕이라는 한국 이름을 지어 주었습니다. 두 아들을 낳고 잠시 교사로도 지냈지만, 북한에서는 예술의 자유가 없어 6·25 때 월남하였습니다. 부산과 제주에서 피난 생활로 고생하다 일단 가족만 먼저 일본으로 떠나보내고 훗날의 만남을 기약할 수밖에 없었습니다.

황소처럼 힘차고 야성적이지만 부잣집에서 고생을 모르고 자라나서인지 세상 물정에 어두운 이중섭은 세상으로부터 많은 상처를 받았습니다. 일본 책을 한국에서 팔면 돈을 벌 수 있다는 오산학교 후배의 말에 부인이 일본에서 책을 사서 보내 주었는데, 후배는 책을 판 돈을 이중섭에게 건네주지 않았습니다. 부인은 일본에서 삯바느질 등을 해 가며 오랜 세월 고생하여 빚을 갚아야만 했습니다.

빚도 갚고 일본에 가서 살 돈을 벌기 위해 온 힘을 다해 이중섭은 1955년 서울과 대구에서 개인전을 개최하였습니다. 화단의 높은 평가를 얻었습니다만, 가족을 만나러 갈 돈은 벌지 못했습니다. 많은 사람이 그림을 외상으로 가져간 후 그림값을 주지 않았고, 전시회를 준비하기 위해 대구의 여관에 머물 때는 그림을 몰래 훔쳐 가는 사람도 있었습니다.

이중섭이 아내에게 보낸 편지를 보면, 가족에 대한 그리움은 물론 후배에게 돈을 돌려받기 위해, 돈을 벌어 하루라도 빨리 가족과 재회하기 위해 얼마나 피나는 노력을 했는지 절절히 드러나 있습니다. 당시에는 한일 간의 국교가 수립되지 않아 아무나 자유롭게 일본에 갈 수 없었습니다. 돈을 많이 벌어 밀항선을 타고 들어가거나, 화가로 크게 성공해서 유명 문화인의 자격으로 초청장을 받아야 일본에 들어갈 수 있었습니다.

개인전의 경제적인 실패는 화가 이중섭의 희망을 완전히 꺾어 버렸습니다. 이중섭의 우울증은 극한에 달했고, 미국 영화 '돌아오지 않는 강'의 제목이 어머니와 가족을 다시 만나지 못하는 자신의 처지와 비슷하다며 같은 제목의 그림을 몇 점이나 그렸습니다. 일본에서 온 아내의 편지는 봉투조차 뜯지 않았고 식사도 거의 하지 않았습니다. 황달, 영양실조, 간장염이 뒤를 이었고, 정신분열 증세까지 나타나기 시작했습니다.

이중섭은 정신병원에도 두 차례나 입원하는 등, 괴로운 나날을 술로 보내다가 병원에서 쓸쓸히 생을 마쳤습니다. 사망한 후 무연고자로 처리돼 방치되어 있다가 사흘 만에 초등학교 친구 김이석(1915~1964년, 소설가)이 찾아와 죽음을 알게 되었습니다. 홍제동 화장장에서 화장하여 뼈의 반은 망우리에 묻고, 반은 일본의 가족에게 보냈습니다. 일본에서는 처가의 묘에 합장되었습니다.

우리의 마음을 표현한 대표적인 화가

묘역의 키 큰 소나무는 외롭지 말라고 친구들이 심어 준 것입니다. 또 이중섭은 "소나무야, 소나무야, 언제나 푸른 네 빛…"으로 시작하는 '소나무' 노래를 즐겨 불렀습니다. 소나무의 언제나 푸른 빛은 지금도 빛을 잃지 않는 이중섭의 예술을 말해 주는 것 같습니다.

묘 앞에 조각품이 있는데 이것이 비석을 겸합니다. 이중섭을 친형처럼 따르던 후배 차근호(1925~1960년) 조각가의 작품입니다. 비석 아래에는 친구 한묵(1914~2016년) 화백이 '대향 이중섭 화백 묘비'라

이중섭의 묘역.
묘 옆에 있는 키 큰 소나무는 외롭지 말라고 친구들이 심어 준 거예요.

이중섭 묘의 비석에 새겨진 그림.
서로 껴안고 있는 두 아이는 이중섭이 무척 사랑하고 그리워하던 두 아들을 표현한 거예요.

고 한문으로 써 놓았습니다. '대향(大鄕, 큰 고향)'은 이중섭의 호인데, 그의 나라에 대한 사랑이 엿보입니다.

비석에 동그란 원이 있고, 그 안에 사람 둘이 껴안은 모습이 그려져 있습니다. 두 사람은 누구일까요? 이중섭 화가의 그림을 많이 본 사람은 알 수 있습니다. 두 사람은 이중섭 화가의 두 아들입니다. 일본에 있어 만날 수 없는 아내와 두 아들 태현과 태성을 그리며 병실에서 쓸쓸히 돌아간 이중섭의 마음을 헤아려 비석에 두 아들을 그려 놓은 것입니다.

비석 아래에는 꽃을 꽂는 구멍이 있습니다. 찾아간 날에 누가 꽂아 놓은 꽃이 없다면, 무덤 근처의 야생화를 조금 뜯어서 꽂아 주시기 바랍니다. 화가를 꿈꾸는 학생이라면 꽃을 미리 준비해서 갖고 가도 좋겠죠?

묘 앞에 네모난 돌은 상석이라고 합니다. 제사 음식을 올려놓는 곳인데, 오른쪽에 글씨가 새겨져 있습니다. 한자로 '子(자, 아들) 이태현, 태성' 두 아들의 이름이 새겨져 있습니다.

이중섭 화가의 대표작으로 '흰소', '황소', '투계', '길 떠나는 가족' 등이 있습니다만, 그는 소와 닭 등 한국을 나타내는 동물을 그려 우리의 마음을 표현한 대표적인 화가였습니다. 또 그의 은지화 작품도 유명한데, 은지화는 담뱃갑의 은박지에 송곳 같은 날카로운 도구로 그린 후에 물감을 칠하고 헝겊으로 닦아내면 선이 또렷하게 드러나는 그림을 말합니다. 이중섭 화가의 은지화는 색다른 독창성이 인정되어 몇 점이 뉴욕현대미술관에 소장되어 있습니다.

  지금은 모르는 사람이 없는 국민화가가 되었지만, 살아생전에는 제대로 인정받지 못하고 고생 끝에 쓸쓸히 세상을 마친 이중섭 화가입니다. 잠시 고개를 숙이고, 지금 여러분을 비롯한 많은 국민이 이중섭 당신의 작품을 매우 많이 사랑한다는 말을 전해주시기 바랍니다.

애국지사 오재영
의열단원 박재혁을 끝까지 도운 친구

"이게 누군가? 박 군 아닌가. 상해에서 오는 길인가?"
"그렇다네. 이제 막 부산항에 내려 곧바로 자네를 찾아왔지."

1920년 9월 6일 오재영(1897~1948년)의 집에 나타난 사람은 친구 박재혁이었습니다. 오재영은 부산상업학교(현 개성고) 동창인 박재혁, 최천택과 함께 가장 가깝게 지냈습니다. 세 사람은 좌천동의 증대산에 올라가 의형제를 맺고 평생 서로 도우며 살자고 약속하였습니다. 또한 그들은 독립운동에도 뜻을 같이하여, 다른 동기 및 선후배와 함께 1914년 4월 일제에 맞서 조국을 구하자는 의미의 '구세단'을 비밀리에 조직하고 활동하였습니다.

박재혁은 몇 년 후 상해로 가서 의열단에 가입하였습니다. 의열단

애국지사 오재영의 묘역.
오재영은 의열단원 박재혁의 부산경찰서 폭탄 투척을 도운 혐의로 일본 경찰에 체포되어 옥고를 치렀어요.

단장 김원봉의 밀명을 받고 부산경찰서장을 처단하기 위해 국내로 들어온 것이었습니다. 많은 동지가 부산경찰서에 체포되어 고문을 받고 투옥되자, 부산경찰서장을 처단하러 온 것이었습니다.

여기서 잠시 독립운동사에서 매우 중요한 의열단에 관해 살펴보겠습니다. 의열단은 1919년 11월 9일, 13명의 조선 청년이 중국 길림에서 결성하였는데, 22세의 김원봉이 단장으로 뽑혔습니다. 단원은 엄격한 심사를 거쳐 뽑았는데, 사격과 폭탄 투척 연습, 무술 연마 및 예절 교육까지 하여 깔끔한 국제신사의 이미지를 갖췄습니다.

1920년부터 국내로 잠입한 의열단 단원들은 연달아 주요 일제 기관에 폭탄을 던지는 의거를 벌였습니다. 1920~1926년의 기간에 부산경찰서(박재혁), 밀양경찰서(최수봉), 조선총독부(김익상), 상해에서의 육군대장 다나카 기이치(김익상, 오성륜), 일본 황궁 앞(김지섭), 종로경찰서(김상옥), 동양척식회사 및 식산은행(나석주)에 폭탄을 투척하거나 총격을 가했습니다. 육군대장 다나카 기이치 저격 사건으로 체포된 오성륜은 목욕탕에서 주운 못으로 수갑을 풀고 탈옥하여 신출귀몰한 의열단의 모습을 보여 주었습니다.

비록 실패하여 체포되거나 자살한 경우가 더 많았습니다만, 의열단의 거사는 조선 민중에게는 가슴이 후련한 거사였습니다. 물론 이런 식의 무장투쟁이 오히려 조선의 독립에 도움이 되지 않는다고 생각한 사람들도 있었습니다. 하지만 군대를 가지지 못한 민족에게는 장기적으로는 꾸준한 실력 양성과 동시에, 단기적으로는 최소의 희생으로 최대의 효과를 얻는 이런 식의 투쟁도 피할 수 없는 선택이었습니다.

이후 김구 주석이 이끄는 대한민국 임시정부도 의열단과 비슷한 한인애국단을 조직하여 1932년 1월 8일 이봉창은 일왕에게 폭탄을 투척했고, 1932년 4월 29일 윤봉길은 홍구공원에서 폭탄 의거를 일

으켰습니다.

박재혁은 경찰의 추적을 받고 있으니 폭탄을 대신 맡아 달라고 하였습니다. 그 후 며칠 동안 박재혁은 범어사에 몸을 숨기고 있다가 9월 13일 오후에 불쑥 오재영의 집에 나타났습니다.

"결심이 섰네. 계속 미루고 있다가는 아무것도 하지 못할 것 같네. 자네와 친구들에게는 절대 피해가 가지 않도록 하겠네. 혹시라도 잡히면 전혀 모른다고 하게. 내가 모든 책임을 지겠네. 그리고… 우리 어머니와 누이를 잘 부탁하네…"

박재혁은 폭탄 꾸러미를 받아들자마자 곧바로 일어났습니다. 오재영은 말문이 막힌 채 그저 눈물로 박재혁을 떠나보낼 수밖에 없었습니다.

9월 14일 오후, 박재혁은 등에 책보따리를 멘 고서 판매상 차림으로 부산경찰서에 찾아가 서장 면담을 요구하였습니다. 서장님이 보면 깜짝 놀랄 만한 고서를 갖고 왔다고 하니 순사(경찰)는 서장실로 안내해 주었습니다. 옆에서 순사 두 명이 지키고 있는 가운데, 서장 앞에서 박재혁은 책보따리를 풀었습니다. 책 밑에 감추었던 폭탄과 종이가 드러났습니다. 종이를 먼저 보여 주며 일본말로 말했습니다.

오재영의 연보비.
해방 후 오재영은 추모회를 개최하고 추모비를 세우는 등 친구인 박재혁 의사를 기리는 일에 앞장섰어요.

"나는 상해에서 온 의열단원이다. 동지들을 잡아 우리 계획을 깨트린 까닭에 우리는 너를 죽이는 것이다."

말을 마치자마자 박재혁은 폭탄을 들어 탁자에 던져 터뜨렸습니다. 서장은 중상을 당하고 박재혁도 부상한 몸으로 체포되었습니다. 이로써 의열단 최초의 거사가 성공하였습니다.

사형이 확정된 후 박재혁은 단식으로 옥중에서 목숨을 끊었습니다. 오재영도 체포되어 대구형무소에서 1년간 옥고를 치렀습니다.

오재영은 출옥 후, 친구 박재혁을 기리는 활동뿐 아니라, 나라를 위한 많은 일에 참여하였습니다. 1924년 시대일보 부산지국을 경영하면서 친일적인 단체를 공격하는 운동을 벌였고, 1925년 조선일보 부산지국을 경영하며 낙동강 수해 복구에 앞장섰습니다. 1926년에는 농민을 위한 계몽운동을 벌이고, 1927년 신간회 부산지회가 만들어지자 주요 간부로 활동하고, 1929년 부산 대창동에서 노동자 숙박소를 설치하고 무료급식 봉사를 하였습니다. 1931년 서울로 이사하여 활동하다 1941년 일경에 구속되기도 하였습니다.

해방 후, 1946년 3월 1일 부산에서 박재혁 의사 추모회를 개최하고 동료와 함께 박재혁 추모비를 세우는 등 친구 박재혁 의사를 기리는 일에 앞장서다가, 1948년 8월 22일 52세의 나이로 별세하였습니다.

정부는 1990년 그의 공적을 기려 건국훈장 애족장을 추서하였습니다. 묘역은 2017년 국가의 등록문화재로 지정되어 문화재청이 세운 안내판이 서 있습니다.

박인환 시인
목마를 타고 하늘로 떠난 시인

　길가에 시인 박인환(1926~1956년)의 연보비가 서 있습니다. 연보비란 고인의 글 중에서 좋은 말을 골라 앞면에 새기고 뒷면에는 몇 년에 태어나고 몇 년에 무엇을 했는지 기록한 '연보'를 새겨 놓은 돌을 말합니다.

　연보비에는 시 '목마와 숙녀'의 한 구절이 새겨져 있습니다.

　"인생은 외롭지도 않고 그저 잡지의 표지처럼 통속하거늘 한탄할 그 무엇이 무서워서 우리는 떠나는 것일까."

　인생이란 뭐 그리 거창한 것이 아니고, 아름다운 여배우가 미소

시인 박인환 연보비.
박인환 시인의 대표 시 가운데 하나인 '목마와 숙녀'의 한 구절이 새겨져 있어요.

시인 박인환의 묘역.
멋진 외모만큼이나 도시적이고 자유분방한 성격을 가진 시인이었던 박인환은 안타깝게도 30세의 젊은 나이에 세상을 떠났어요.

짓고 있는 대중잡지의 표지처럼, 그저 가볍게 웃고 즐기며 살아가면 될 것을, 뭐 그리 심각하게 고민하고 외로워하고 슬퍼할 것이 어디 있겠는가. 굳이 현실을 피해 떠나거나 자살할 필요까지는 없지 않은가, 라는 의미 같습니다.

그러나 이 시 구절과는 달리, 박인환 시인은 안타깝게도 30세의 젊은 나이에 저세상으로 떠나갔습니다. 문학은 인생과 세상에 대한 고뇌(고민)에서 태어나는 것이므로, 애써 외면하려고 해도 시인은 고뇌에서 벗어나기 힘들었던 것 같습니다.

묘 앞에 사각의 비석이 있습니다. 흰 바탕에 검은 글씨로 이렇게 적혀 있습니다.

"시인 박인환지묘(박인환의 묘), 지금 그 사람 이름은 잊었지만 그 눈동자 입술은 내 가슴에 있네. 그의 시 세월이 가면에서"

이 글은 "박인환 시인 그 사람은 갔지만, 그가 남긴 글은 우리 가슴에 남아 있네"라고도 읽힙니다. 작가가 남긴 좋은 글은 작가의 생명보다 오래 갑니다. "인생은 짧고 예술은 영원하다"는 말 그대로입니다.

지금 그 사람의 이름은 잊었지만

그의 눈동자 입술은

내 가슴에 있어.

바람이 불고

비가 올 때도

나는 저 유리창 밖

가로등 그늘의 밤을 잊지 못하지

사랑은 가고

과거는 남는 것

여름날의 호숫가

가을의 공원

그 벤치 위에

나뭇잎은 떨어지고

나뭇잎은 흙이 되고

나뭇잎에 덮여서

우리들 사랑이 사라진다 해도

지금 그 사람 이름은 잊었지만

그의 눈동자 입술은

내 가슴에 있어

내 서늘한 가슴에 있건만

- 박인환의 시 '세월이 가면' -

이 시가 노래로 탄생한 뒷이야기가 있습니다. 명동의 막걸리집에서 박인환 시인이 즉석에서 이 시를 썼는데, 친구 이진섭이 그 자리에서 곡을 만들고 함께 있던 가수가 악보를 보고 노래를 불렀다고 합니다.

그런데 박인환 시인의 장남인 박세형 시인이 얼마 전에 들려준 이야기로는, 어느 날 밤에 아버지와 이진섭 아저씨가 집에 와서 큰 종이를 펼쳐 놓고 1, 2, 3 숫자로 악보에 도레미를 표시하며 곡을 만드는 모습을 보았다고 합니다. 술집에서 대충 만든 것을 집에서 악보로 정리한 것 같습니다.

명동의 술집에서 이 노래가 자주 불리자 사람들의 입을 통해 크게 유행되었고 나중에 몇몇 가수가 불렀습니다만, 박인희 가수가 부른 노래가 가장 유명합니다. 스마트폰으로 검색해 '세월이 가면' 노래와 '목마와 숙녀' 시 낭송을 들으면서 차분히 안내판을 읽어 보기 바랍니다.

우리나라 모더니즘 시운동을 주도하다

박인환은 강원도 인제에서 출생하였습니다. 10세에 서울로 이사와 덕수초등학교에 편입하고 졸업 후에 경기중학에 진학하였습니다. 당시 서울에서 가장 들어가기 어려운 학교였습니다. 그러나 영화를 매우 좋아해서 영화관에 자주 다녔습니다. 당시의 중고생은 자유롭게 영화관에 가지 못했습니다. 어느 날 일본인 교사에게 영화관 출입이 들켜서 학교를 중퇴하고 말았습니다. 이때의 경험으로 그는 후에 영화 평론가로도 활동하고 영화평론가협회를 만들었습니다. 중퇴 후, 황해도의 명신중학으로 전학하여 졸업하고, 평양의학전문학교에 입학하였습니다. 하지만 그는 의학 서적보다는 문학 서적만 읽다가 8·15 광복과 동시에 학교를 그만두고 서울로 돌아왔습니다.

종로 낙원동에 '마리서사'라는 책방을 열고 많은 문인을 사귀었습니다. 아내 이정숙도 이곳에서 만났습니다. 책방에서는 문학예술 분야의 진귀한 외국 서적을 팔았습니다. 돈은 그리 벌리지 않았지만, 그는 이곳을 통해 맺은 인맥으로 시인으로서 세상에 이름을 알리게 됐고 나아가 뜻이 맞는 동료들과 '후반기'라는 모임을 결성하여 모더니즘 시운동도 주도했습니다. '후반기'는 1900년대 전반기 50년이 지나 새로 시작한 후반기의 뜻입니다. '모던(modern)'은 당시 '새로 나타

1950년대의 대표적인 시인 박인환.
(사진·박세형)

시인 박인환과 부인, 큰아들.
(사진·박세형)

책방 마리서사 앞에서 동료 시인과 함께 포즈를 취한 박인환(오른쪽).
박인환 시인의 대표작으로는 '목마와 숙녀', '세월이 가면' 등이 있어요. (사진·박세형)

난, 현대적, 도시적, 선진적'이라는 의미입니다. 시에서의 모더니즘은 과거 낭만주의 경향에 반발하여 지성과 논리를 중시하는 경향의 시를 말합니다.

6·25전쟁 때는 경향신문 종군기자로 참여하여 전쟁 속의 처절한 삶을 체험하였습니다. 전쟁이 끝난 후, 영화평론가협회를 설립하고 자유문학가협회에서 중요한 직책을 맡아 활동하는 한편, 1955년 10월 첫 번째 시집이자 마지막이 된 『선시집』(자신의 시 중에서 좋은 것을 골라 모은 시집)을 출간하였습니다.

시집을 내며 시인으로서 크게 꽃을 피우기 시작했지만 다음해 2월 말 자유문학상 수상 실패, 미래에 대한 불안, 가난 등이 겹쳐 술로 나날을 보내다, 1956년 3월 20일 심장마비로 사망하였습니다.

그가 몇 년만 더 오래 살았다면 더 많은 좋은 시를 남겨 우리 문단에 더욱 큰 인물로 자리를 잡았을 것이지만, 시집 한 권만으로도 그는 지금도 많은 이들의 사랑을 받는 50년대의 대표적 시인으로 불리고 있습니다. 고향 인제군에서는 박인환기념관도 만들고 해마다 박인환 문학제를 열고 있습니다. 인제군의 문학제에 갔다가 망우리에 와서 마무리하는 문학기행도 좋을 것 같습니다.

2. 둘째 날

시인 김상용에서
명온 공주까지

• 둘째 날 코스 가이드

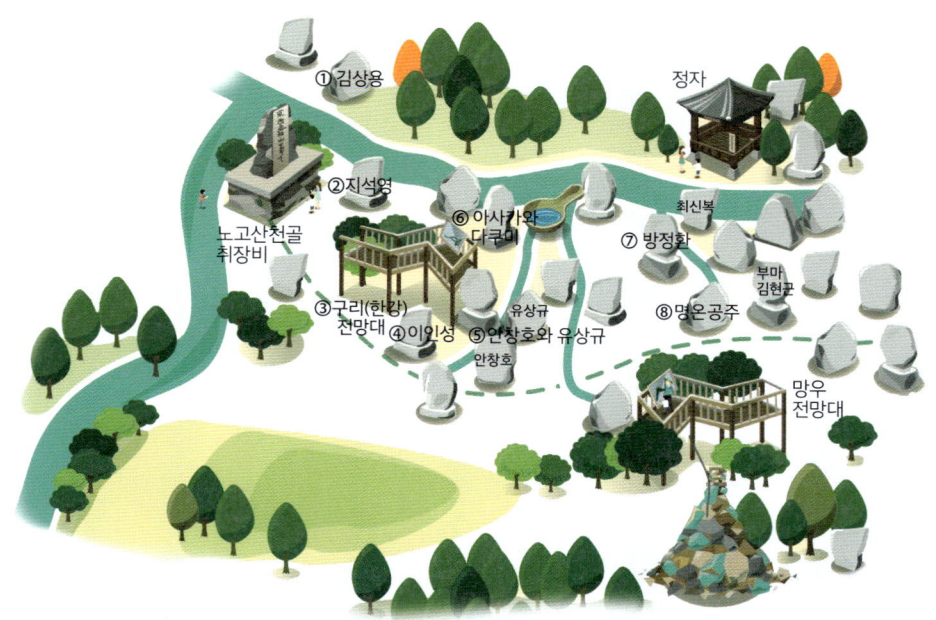

① 김상용(시인) → ② 지석영(의사) → ③ 구리(한강)전망대 → ④ 이인성(화가) → ⑤ 안창호와 유상규(애국지사) → ⑥ 아사카와 다쿠미(민예연구가) → ⑦ 방정환(아동문학가) → ⑧ 명온공주(왕족)

김상용 시인
'그저 웃지요'의 원조

　시인 김상용(1902~1951년)을 잘 모를 수 있겠지만, 방송 연예 프로그램에 그의 말이 자주 나옵니다. 어느 출연자가 갑자기 말을 잊고 있으면 화면 아래에 "그냥 웃지요"라는 자막을 종종 볼 수 있습니다. 이 말은 원래 "왜 사냐건 웃지오", 즉 왜 사냐는 물음에 대해 그저 웃음으로 대답한다는 말인데, 그의 대표적인 시 '남으로 창을 내겠소'에서 나오는 말입니다.

　남으로 창을 내겠소.
　밭이 한참 갈이
　괭이로 파고

시인 김상용.
대표작으로 '남으로 창을 내겠소', '향수' 등이 있어요. (사진·유족 제공)

김상용 시인 묘역의 비석.
뒷면에 대표 시 가운데 하나인 '향수'가 새겨져 있어요.

시인 김상용의 묘역.
김상용은 시인이면서 이화여전의 영문학 교수를 지냈으며, 우리나라 최초의 영자신문인 『코리아 타임스』의 이사장도 맡았어요.

호미론 풀을 매지요.

구름이 꼬인다 갈 리 있소

새 노래는 공으로 들으랴오

강냉이가 익걸랑

함께 와 자셔도 좋소

왜 사냐건

웃지요.

왜 사냐는 질문에 왜 아무런 말없이 웃기만 했을까요? 무슨 구구절절한 말이 필요한가요, 그저 담담하게 자연을 벗 삼아 살아가면 좋지 않겠소? 라는 의미로 읽힙니다.

묘비 뒷면에는 또 다른 대표 시 '향수'가 적혀 있습니다.

인적 끊긴 산속

돌을 베고

하늘을 보오.

구름이 가고

있지도 않은 고향이 그립소.

'있지도 않은 고향'이란 일제에게 빼앗겨서 없어진 조국을 말하는 것 같습니다. 김상용 시인의 작품에는 이처럼 자연을 그리워하고 자연으로 돌아가자는 마음을 표현한 것이 많습니다.

시인이자 학생들의 사랑을 받은 영문학자

김상용은 1902년 경기도 연천에서 한의사의 장남으로 태어났습니다. 1917년 경성제일고보(경기고)에 들어갔으나 3·1운동에 참여하여 퇴학당하고 다시 보성고보에 들어가 1921년 졸업하고, 일본 릿쿄대학에서 영문학을 전공했습니다.

귀국 후 1928년 이화여전(이화여대) 영문학 교수를 지내다, 1943년 일제에 의해 영문학 강의가 폐지되자 학교를 그만두고 동료 교수와 함께 종로에서 꽃집을 경영하였습니다.

해방 후의 미군정 때 강원도지사로 임명되었으나 허수아비 같은 자리인 것을 깨닫고 곧 그만두고 다시 이화여대 교수로 복귀했습니다. 1946~1949년 보스턴 대학에서 공부하고 돌아와 다시 이화여대 교수와 학생처장을 지냈습니다.

1950년 9·28 서울 수복 후 11월에 창간된 한국 최초의 영자신문 『코리아 타임스』(후에 한국일보가 인수)의 초대 사장을 맡았습니다. 1951년 부산으로 피난했다가 김활란(이화여대 총장)의 집에서 열린 연회에서 게를 먹고 식중독에 걸려 안타깝게도 별세했습니다.

김상용은 키가 작지만 팔씨름은 평생 딱 한 번만 졌다고 말할 정도로 매우 다부지고 강한 체력을 가졌습니다. 등산가로 전국의 산을 수시로 찾았고, 종일 바다에 떠 있을 정도로 수영도 잘했습니다. 그런 강한 체력을 갖게 된 사연이 있습니다. 김상용은 어릴 때 동네 깡패에게 폭행을 당한 적이 있었습니다. 그래서 서울에서 학교 다닐 때, 매일 체력을 단련하여 마침내 5년 후에 고향의 그 깡패를 다시 찾아가 무릎을 꿇렸다고 합니다.

그러면서도 자연을 사랑하고 꽃을 사랑하는 부드러운 성격의 시인이요 영문학자로 이화여대 학생들의 존경을 받은 '잊을 수 없는 스승'이었습니다.

주로 동양적 체험이 깃든 서정시를 발표하고, 1939년 시집『망향』을 발간하였습니다. 그가 남긴 유일한 시집입니다. 광복 후에는 수필

집 『무하선생방랑기』를 간행하며 인생과 사회에 대한 풍자적인 면을 보여주었습니다. 또한 영문학자로서 애드거 앨런 포의 '애너벨 리' 등도 번역하여 영문학의 소개에도 힘썼습니다.

그러나 일제 말에 조선 청년들의 징병을 축하하는 친일 시를 발표한 적이 있어 친일 문인으로 이름이 올라갔습니다. '인적 끊긴 산속으로 들어가 돌을 베고 하늘을 보고픈', 그리고 '왜 사냐고 물으면 그냥 웃고자 하였던' 시인은 전쟁에 광분한 일제의 힘에 안타깝게도 굴복하고 말았습니다. 그러나 한편에선 총독부에게 이화여전을 빼앗기지 않기 위해 학생처장의 입장에서 어쩔 수 없이 나섰다는 말도 있습니다.

세상과 사람의 일은 흑백으로 나눠 판단할 수 없는 회색의 부분이 늘 존재합니다. 인문학의 깊이를 갖추면 세상과 사람에 대한 이해가 깊어집니다. 깊이 있는 지도자는 갈등과 분열이 아닌 화합과 통합으로 국민을 미래로 이끌 수 있습니다.

묘비에 적힌 '향수'의 내용 그대로, 김상용 시인은 인적 끊긴 이곳 망우산 속에서 '남으로 창을 내고', '돌을 베고 하늘을 바라보고' 있는 것 같습니다.

송촌 지석영
코로나 재난으로 다시 생각나는 의학자

"그게 일본인이 조선 사람을 죽이려고 만든 것인데 귀한 내 아들에게 놓는다니 될 말이냐."

1879년 겨울, 충청도 충주군 덕산면입니다. 노인이 화를 내며 앞에 앉아 있는 청년을 미친 사람처럼 쳐다보며 말했습니다. 그러자 청년은 이렇게 말했습니다.

"장인어른, 사위의 말을 믿지 않으신다니 저는 이런 처가에는 머물 수가 없습니다. 당장 서울로 떠나겠습니다."

말을 마친 청년은 자리에서 벌떡 일어났습니다.

청년은 24세의 지석영(1855~1935년)이고 노인은 아내의 부친, 즉 장인이었습니다. 지석영은 아내의 어린 동생(처남)에게 우두(천연두 예

의학자 송촌 지석영.
우리나라 최초로 종두법을 도입하여 천연두 예방에 힘썼어요. (사진·위키피디아)

방을 위해 소에서 뽑은 물질)를 놓아 보겠다고 한 것입니다. 장인은 처음에는 반대하였으나 사위의 굳은 결심을 보고 마지못해 허락하였습니다.

지석영은 처남에게 우두를 놓고 가슴 졸이며 나흘을 기다리니 팔뚝에 완연한 우두 자국이 생겨서 접종에 성공하였습니다. 이것이 우리나라 최초의 천연두 백신의 접종이었습니다. 연보비 앞면에도 "우리 가족에게 먼저 실험해 보아야 안심하고 쓸 수 있지 않겠느냐"는 말이 적혀 있습니다.

코로나 바이러스가 2020년 갑자기 나타나서 우리는 오랫동안 마스크를 쓰고 수업도 온라인으로 하며 친구와 제대로 놀 수도 없었습니다. 서둘러 개발한 백신을 세 번이나 맞으면서 망우역사문화공원에 계시는 지석영 선생이 떠올랐습니다.

천연두라는 전염병은 사라진 지 오래입니다만, 옛날에는 천연두(마마)에 걸리면 어린이는 세 명에 한 명꼴로 죽었다고 합니다. 간신히 나아도 얼굴에 곰보 자국이 남았습니다. 지석영 선생이 종두법을 도입하여 백신을 만들어 전국에 보급하기 전까지는 그저 무당을 불러 마마 귀신이 물러가라고 굿을 하는 것이 고작이었습니다.

예방접종이란, 약간의 병균(백신)을 몸에 넣어서 그것을 이겨내면(면역이 생기면), 나중에 강력한 병균이 들어와도 몸이 가볍게 이겨내게 하는 것입니다. 종두법이란 1796년 영국의 의사 에드워드 제너가 만든 천연두 예방접종법을 말합니다. 소젖을 짜는 여자가 천연두에 잘 걸리지 않는 것을 보고, 젖소의 젖꼭지에 생기는 전염병인 우두(소 고름)를 떼어서 아이의 팔에 넣으니 약간의 열이 났지만 회복하였고, 얼마 후에 다시 실제 천연두 환자에게서 뽑은 균을 넣어도 아무런 병이 생기지 않았습니다. 즉, 천연두를 이겨내는 물질(항체)이 몸 안에 생겼다는 것을 확인했던 것입니다.

'마마의 아버지'이자 한글 보급의 공로자

지석영은 1855년 서울의 가난한 선비 집안에서 태어나 한의사 박영선에게 한문과 의학을 배웠습니다. 스승 박영선이 일본 수신사 일행의 의사로 일본을 방문하여 가져온 『종두귀감』(종두 안내서)을 보고 종두법을 알게 되었습니다.

그러나 종두법을 배우려고 해도 가르침을 받을 사람이 없었습니다. 마침 부산에 일본 해군 소속의 서양식 병원이 있다는 소문을 듣고 서울에서 걸어서 20여 일 만인 1879년 10월에 부산에 도착하였습니다. 병원을 찾아가 한자로 써서 뜻을 전하자 일본 군의관이 지석영의 열의에 감동하여 종두법을 가르쳐 주었습니다.

지석영은 이때 서양의학의 필요성을 절감함과 동시에, 배움의 대가로 한일사전 편찬 작업을 도와주면서 국문법에도 관심을 갖게 되었습니다. 두 달 후 병원을 떠나면서 세 병의 두묘(우두 원료)와 종두침 두 개를 얻고 서울로 돌아오는 길에 충주군 덕산면의 처가에 들러 어린 처남의 접종에 성공하고, 마을 아이 40여 명에게도 접종하였습니다.

그러나 많은 사람에게 우두를 접종하기 위해서는 두묘(우두의 원료)를 많이 만들어야 하는데, 두묘 제조법을 알기 위해 지석영은

1880년 7월 제2차 수신사 김홍집 일행에 참가하여 일본으로 갔습니다. 한 달의 짧은 기간에 두묘 제조법을 완전히 익히고 귀국한 지석영은 종두장을 차려 본격적으로 우두 접종을 시작하였습니다. 그러나 1882년 임오군란 때는 지석영의 종두법이 개화운동이라며 무당과 수구파(개화 반대파)가 종두장에 불을 지르는 등 많은 어려움을 겪었습니다.

그래서 자신의 꿈을 펼치기 위한 힘을 얻기 위해 1883년 과거에 응시하여 급제하였습니다. 모함을 받아 귀양을 가는 고생도 하였지만, 지석영은 형조참의, 동래부사 등이 되어 개화 정책에 참여하였습니다. 지석영은 우리나라 최초의 종두법 소개서 『우두신설』을 출간(1885)하고, 마침내 1895년 모든 국민이 의무적으로 접종을 받도록 하는 종두법을 시행하기에 이르렀습니다. 이로써 종두법은 완전히 정착되어 지석영은 '곰보의 은인'으로 불리게 되었습니다.

또한 서양의학을 교육하는 학교 설립의 상소를 올려 1899년 3월 우리나라 최초의 국립 의학교가 설립되고, 지석영이 초대교장으로 임명되었습니다. 의학교는 지금의 서울의대로 발전하였으니, 지석영 선생은 서울의대의 초대 교장인 셈입니다.

의학자 지석영의 묘역.
왼쪽이 지석영의 묘이고, 오른쪽은 또한 명의로 이름을 떨친 지석영의 장남 지성주의 묘예요.

송촌 지석영의 연보비.
1910년 나라를 빼앗기자 지석영은 모든 자리에서 물러나 유유당이라는 소아과의원을 열어 의학 봉사를 했어요.

한편 지석영은 상소를 올려 "세종대왕 창제 한글이 표시하지 못하는 음이 없고 매우 배우기 쉬운 글임에도 불구하고 나라가 방임한 결과 형식이 정립되지 못했으니 국문을 새로 개정하여 나라의 자주와 부강을 도모"할 것을 건의하였습니다. 정부는 지석영의 제안을 그대로 받아들여 1905년 7월 19일 '신정국문(새로 고친 나라말)'을 공표하였으니 지석영은 한글 보급의 공로자이기도 합니다.

1910년 나라를 빼앗기자 지석영은 모든 자리에서 물러나 1914년 유유당이라는 소아과의원을 열어 의학 봉사를 시작하고, 1915년 전선의생회(조선 한의사회) 회장을 지냈습니다.

지석영은 과거 급제자이며 능력 있는 의사였으므로 얼마든지 풍족한 삶을 보낼 수 있었습니다. 하지만 돈이 생기면 몽땅 우두 시술소 등을 차려 대중 진료에 써서 유산 한 푼 남기지 않고 1935년 80세에 별세했습니다.

왼쪽이 송촌거사 지석영의 묘입니다. 거사(居士)는 출가하지 않은 불교 신자에게 붙입니다. 지석영은 집에 불상을 모셔 놓을 정도로 독실한 불교 신자였습니다.

오른쪽이 장남 지성주의 묘입니다. 지석영의 부친 지익룡은 양반이라 개업은 하지 않았지만 한의학에 정통하였고, 지석영의 장남 지성주는 경성의전(서울의대)에서 내과 전공으로 1919년 졸업 후 개업하여 장안의 명의로 유명했고, 지성주의 장남 지홍창은 서울의대 박사로 박정희 대통령 주치의를 지냈습니다. 그리고 지홍창의 장남 지무영은 가톨릭의대를 나와 현재 서울 송파구에 지내과의원을 경영하고 있으니 5대째 의사 가문인 셈입니다.

지석영 선생의 묘를 참배할 때는 나와 가족의 건강을 기원하는 것도 잊지 마시기 바랍니다.

구리(한강)전망대
역사의 중심에서 해를 맞이하다

　한강이 내려다보이는 경치 좋은 '구리(한강)전망대'는 망우역사문화공원 인문학길 '사잇길' 중에서 가장 경치가 좋은 장소입니다.

　그런데 이곳은 단지 경치가 좋다는 것만으로 그치지 않습니다. 선사시대부터 아차산과 한강 부근은 사람이 살기 좋은 지역이었습니다. 중랑구 면목동에서는 1967년 기원전 3만 년의 후기구석기 유물이 발견되었습니다. 여기 살던 사람들이 가장 오래된 서울 시민이라고 할 수 있겠죠. 그리고 한강 건너편에 암사동 선사유적지가 있습니다.

　지금은 망우산, 용마산, 아차산으로 나뉘어 있습니다만, 옛날에는 모두 아차산으로 불렸습니다. 아차산의 가장 높은 봉우리가 용마봉

구리(한강)전망대.
망우리 사잇길에서 가장 경치가 좋은 곳 가운데 하나인 구리(한강)전망대에서는 한강이 한눈에 내려다 보여요.

이었는데 조선 후기에 용마산으로 높여 부르게 되었고, 망우산도 최근에 생긴 지명입니다.

삼국시대에도 삼국은 이곳을 차지하기 위해 치열하게 싸웠습니다. 고구려의 온달 장군(?~590년)도 이곳에서 전사하였습니다. 온달은 아차산성 아래에서 신라군과 싸우다가 날아오는 화살에 맞아 죽었습니다. 온달의 장례를 치르려고 관을 옮기려고 하였는데 관이 꿈쩍도 하지 않았습니다. 부인 평강공주가 찾아와서 관을 어루만지며, "죽음과 삶이 이미 결정되었으니, 아아! 이제 돌아가시지요"라고 말하자 드디어 관이 움직였습니다.

옛날에는 땅보다 바다와 강이 주요 교통로였습니다. 한강을 거쳐 중국까지도 갈 수 있습니다. 그리고 강 옆의 땅은 기름져서 농사에 매우 좋습니다. 또 전쟁 때에는 산과 강은 적의 침입을 막는 데 매우 이롭습니다. 그래서 이곳은 차지하기 위해 백제, 고구려, 신라가 치열하게 싸웠습니다. 처음에는 백제가 차지했으나, 고구려 장수왕이 남하정책으로 밀고 내려와 이곳을 차지하였고, 신라는 진흥왕 때 이곳을 차지한 후에 마침내 삼국 통일까지 하였습니다.

한강과 아차산을 차례로 차지했던 삼국의 사람들은 아차산의 정상에서 떠오르는 해를 바라보며 나라의 영원한 번성을 기원하였을 것이고, 조선을 건국한 태조 이성계도 그러했을 것입니다. 여기서 아래를 내려다보면 과연 그렇다는 생각이 절로 듭니다.

그래서 이곳은 서울의 끝이지만 역사의 중심입니다. 더구나 지금은 근대의 새벽을 여신 선구자들이 많이 모여 있는 장소도 되었으니 이곳에서의 해돋이는 역사적인 의미가 매우 깊습니다. 그래서 전망대 입구의 안내판에는 '역사의 전망대'라고 써 놓았습니다.

서양화가 이인성
최고가 된 대구의 천재 소년 화가

"이놈의 자식, 환쟁이가 되려고 작정했나! 당장 이리 내놔!"

1928년 대구 북내동에서의 일이었습니다. 아버지는 아들이 들고 있는 붓과 물감을 빼앗아서 마당으로 내동댕이쳤습니다. '환쟁이'는 화가를 낮춰 부르는 말이었습니다. 가수와 연주자는 '딴따라'라고 불렀습니다. 아들은 아버지의 매를 피해 밖으로 뛰쳐나갔습니다. 뒷동산에 올라가 눈물을 죽죽 흘렸습니다. 학교 선생님이 늘 그림 잘 그린다고 칭찬해 주는데 왜 아버지는 그림을 싫어하는지 이해할 수 없었습니다.

이인성(1912~1950년)은 11세에 초등학교에 들어가 16세에 졸업했습니다. 당시에는 상급 학교에 진학하는 학생이 적었습니다. 조금이

학생 시절의 이인성.
(사진·이인성기념사업회)

우리나라 근대 미술을 대표하는 화가 이인성.
이인성은 강렬한 필법과 토속적인 색조로 향토적 서정주의를 구현했어요. (사진·이인성기념사업회)

이인성의 대표 작품 '해당화'.
(사진·이인성기념사업회)

이인성의 대표 작품 '경주의 산곡에서'.
(사진·이인성기념사업회)

라도 여유가 있으면 상업고교를 나와 은행에 취직하는 것을 최고로 쳤습니다. 전문학교(대학)나 일본 유학은 부잣집 자식이나 갈 수 있었습니다. 가난 때문에 자식을 계속 공부시킬 수 없는 아버지로서는 아들이 어서 빨리 돈 버는 직장을 찾기를 바랐습니다. 이인성은 초등학교 졸업 후에 산과 들을 돌아다니며 그림만 그렸습니다. 그날도 화구를 들고 몰래 집으로 들어오다가 아버지에게 들켰던 것입니다.

혼자 힘으로 화가의 꿈을 펼치다

그러나 몇 달 후인 1928년 10월 12일 동아일보에 이인성의 이름이 실렸습니다. 방정환의 색동회가 주최한 세계아동예술전람회에 이인성의 수채화가 특선으로 당선되었다는 소식이었습니다. 신문에는 '대구 이인성(16세), 촌락의 풍경'이라고 분명히 적혀 있었습니다. 그래도 아버지는 기뻐해 주지 않았습니다. 다음 해 1929년 제8회 조선미술전람회(선전)에 '그늘'이 입선하자, 비로소 아버지도 아들의 재능을 인정하고 기뻐해 주었습니다. 하지만 아버지는 미술학교 진학을 도와줄 여유가 없었기에 이인성은 혼자 힘으로 화가의 꿈을 펼쳐야만 했습니다.

스승이자 후원자인 수채화가 서동진이 경영하는 대구미술사에서 일하며 열심히 그림을 그려, 1930년에 다시 입선하고 1931년에는 서양화 부문 총 9명의 특선에 뽑혔습니다. 우리나라 최초의 여성화가 나혜석도 특선에 뽑혔는데, 그런 어른들과 어깨를 견주는 소년 화가 이인성은 세상을 놀라게 하였습니다.

그러자 대구의 문화인들은 이인성을 돕기 위해 나섰습니다. 조선의 고미술 연구가였던 경북여고 일본인 교장의 소개로 1931년 일본의 킹크레용 상회에서 일하며 그림을 그렸고, 1932년에는 태평양미술학교 야간부에 입학하였습니다.

1932년 10월 25일 동아일보에 커다랗게 이인성의 기사가 나왔습니다. 동경에 고학하는 19세 소년 이인성이 일본 최고의 제국미술전람회(제전)에 수채화 '여름 어느 날'로 입선했다는 것입니다. 이 뉴스는 요즘의 올림픽 금메달 정도로 대단히 훌륭한 성과였습니다.

이후 이인성은 천재 소년 화가로 한일 양국에 이름이 알려졌습니다. 집에서 아이가 그림을 그리고 있으면, 부모는 "너, 이인성 되려고 하니?"라고 말할 정도였습니다.

그 후 2년 연달아 선전에 특선, 제전에 입선하고, 1935년 제14회 선전에서 마침내 '경주의 산곡에서'라는 작품으로 최고상인 창덕궁상

화가 이인성의 묘역.
대구의 천재 소년 화가였던 이인성은 미술평론가들이 인정하는 우리나라 대표 화가가 되었지만, 6·25전쟁의 와중에 어이없이 목숨을 잃고 말았어요.

을 수상하였습니다.

일본 유학 시에 만나 결혼한 부인 김옥순은 대구 병원장의 딸로 동경에서 패션을 공부하는 멋쟁이 여성이었습니다. 1935년 결혼하여 처가의 도움으로 1936년 이인성양화연구소도 열고 그림에 열중하였습니다. 1936년에도 제전에 입선하고, 1937년에는 25세의 젊은 나이에 선전 추천작가에 올라, 이제는 경쟁이 필요 없는 이미 인정된 작가의 자격으로 선전에 작품을 내걸었습니다. 새파란 청년이 벌써 선생님이나 교수님이 된 격입니다.

그러나 부인이 7년 만인 1942년 딸 하나를 남기고 세상을 떠났습니다. 이인성은 거의 매일 술로 아픔을 달랬습니다. 새로 결혼했지만 오래가지 못했습니다. 해방 후에는 이화여고 미술교사를 지내며 이화여대에서도 서양화를 지도하였습니다. 1947년 세 번째로 결혼하고, 1949년 제1회 대한민국미술전람회에 심사위원으로 참여하였습니다.

우리나라 대표 화가의 어이없는 죽음

그러나 다음 해 이인성은 어이없는 죽음을 맞이했습니다. 6·25 전쟁 때인 1950년 11월 4일, 그날도 이인성은 밖에서 술을 먹고 귀가하는데 길목에서 경비를 서던 경찰이 불러 세웠습니다. 술김에 이인성은 갑자기 화가 났습니다. '나를 모르는 국민이 없는데, 감히!'라고 생각해 큰소리를 쳤습니다. 그러자 경찰은 이인성이 장관쯤 되는 높은 사람이라 생각하여 그냥 보냈습니다. 경찰은 옆에 있던 동료에게 그가 누구인지 물었습니다. "화가라고 잘난 체하기는. 환쟁이야." 그 말을 들은 경찰은 화가 났습니다. "감히 환쟁이 주제에!" 하며 이인성의 집으로 달려갔습니다.

집으로 들이닥친 경찰이 총으로 이인성을 위협하며 옥신각신하다가 엉겁결에 총이 발사되었습니다. 조선의 천재 화가 이인성은 어이없게도 총기 오발 사고로 38세의 나이에 사망하고 말았습니다. 이인성 본인의 술버릇도 하나의 원인이지만, 화가를 예술인으로 대접하지 않고 환쟁이라고 무시하던 세상의 시선도 죽음의 원인이 되었습니다.

1998년 《월간미술》 잡지에서는 미술평론가들의 투표로 '근대유화 베스트 10'을 뽑았는데, 이인성의 '경주의 산곡에서'가 1위를 차지했고, 작가별로는 이인성을 김환기와 함께 1위, 이중섭을 2위로 뽑았습니다.

이인성 묘 앞에는 상석이 있습니다. 상석에 꽂힌 꽃을 빼 들고 상석이 어떤 모양인지 맞춰 보세요. 힌트는 이인성의 직업입니다.

    그리고 앞쪽에는 해당화 나무가 자라고 있습니다. '해당화'는 대표작의 하나입니다. 2015년 아들 이채원 씨가 심었습니다. 혹시 찾아간 날에 오랫동안 비가 오지 않았다면 들고 온 생수라도 뿌려 주시기 바랍니다.

도산 안창호와 제자 유상규
그 스승에 그 제자, 사제 애국지사

도산 안창호의 묘 터에는 작은 무덤이 있고, 오른쪽에 큰 비석이 서 있습니다. 무덤은 허묘(빈 무덤)입니다. 도산 안창호(1878~1938년)의 묘는 1938년부터 망우리에 있다가 1973년 강남의 도산공원으로 옮겨졌습니다. 1955년 이곳에 세워졌던 큰 비석은 1973년 도산을 따라갔다가, 2016년 다시 이곳으로 돌아왔습니다. 도산 안창호와 제자인 유상규의 인연과 비석이 돌아온 사연이 감동적입니다.

도산은 1878년 평안남도 강서군에서 태어났습니다. 17세에 상경하여 구세학당(경신고)에 입학하여 공부하고, 1897년부터 독립협회에서 활동하였습니다. 연설을 잘해 많은 이들에게 감동을 주었습니다. 사

도산 안창호의 묘역.
이곳의 묘는 빈 무덤인 허묘로, 안창호의 묘는 지난 1973년 강남의 도산공원으로 옮겨졌어요.

애국지사 유상규의 묘역.
유상규는 경성의전 재학 중 3·1운동에 참가하고 상해로 망명하여 도산과 같은 집에서 살며 도산을 모셨어요.

업가 이승훈(3·1운동 33인 기독교 대표)도 자기보다 어린 도산의 연설에 감동하여 오산학교를 설립하고 민족운동에 나섰습니다.

1899년 독립협회가 해산되자 고향에서 22세의 나이에 최초의 남녀공학 초등학교인 점진학교를 세웠습니다. 그러나 더욱 큰 공부가 필요하다고 생각해 도산은 1902년 9월 아내와 함께 미국으로 떠났습니다.

미국 샌프란시스코에서 하우스보이(가정부)를 비롯한 궂은일을 하며 초등학교부터 들어가 공부를 시작했습니다. 로스앤젤레스 인근 리버사이드로 이주하여, 1905년 교민의 단결을 위한 공립협회를 창립하였습니다.

1905년 을사조약으로 나라가 위태해지자 도산은 1907년 귀국하여 서울 상동교회에서 항일 비밀결사단체 신민회를 조직하였습니다. 사회 지도 인사가 대부분 참여한 전국적 규모의 애국계몽 단체였습니다. 그러나 신민회는 1911년 '데라우치 암살 미수사건(105인 사건)'으로 실체가 드러나 강제로 해산되었습니다.

다시 미국으로 간 도산은 1912년 11월 샌프란시스코에서 대한인국민회를 조직하였는데, 이 단체는 일제강점기 당시 미국 교민의 정부 역할을 하였을 뿐 아니라 대한민국 임시정부를 재정적으로 크게 지원하였습니다.

민족운동의 핵심 인재를 기르다

도산은 민족운동의 핵심 인재를 기르기 위한 단체 설립의 필요성을 절감하여 1913년 흥사단을 샌프란시스코에서 창립했습니다. '흥사(興士)'는 나라의 기둥이 되는 사(士, 문사와 무사)를 양성하자는 뜻입니다.

1919년 3·1운동 직후 상해에 대한민국 임시정부가 설립되자 내무총장에 취임하였습니다. 도산은 미국의 대한인국민회가 모금한 돈을 들고 와서 임시정부 사무실을 빌리고, 미국에서 아직 오지 않은 국무총리 이승만을 대신하여 임시정부를 이끌었습니다.

그해 9월 한성, 러시아 소재 임시정부와의 통합된 단일 정부 수립에 성공하였는데, 이때 대통령은 이승만, 국무총리는 이동휘, 내무총장은 이동녕을 내세우고 도산은 그 아래 차관급인 노동국 총판을 맡았습니다. 도산은 늘 통합을 위해 자신은 뒤로 물러나곤 했습니다. 그래서 도산은 민족의 통합과 화합의 상징으로 지금도 존경을 받고 있습니다.

도산은 일경의 지속적인 감시를 받다가 1932년 윤봉길 의사 의거가 일어나자 배후 혐의로 체포되어 대전형무소에서 2년 6개월간 복역하였습니다. 그 후 출옥하여 평양 대보산에서 휴양 중 다시 1937

년 11월 수양동우회(흥사단 국내 조직) 사건으로 서대문형무소에 갇혔습니다. 옥중에서 병을 얻어 경성제대부속병원에 입원하고 1938년 3월 10일 60세로 서거하였습니다.

망우리묘지에 묘를 만들었는데, 이것은 도산의 유언에 따른 것이었습니다. 잡지 《삼천리》(1938.5)에 도산이 돌아가시기 전에 남긴 말이 적혀 있습니다.

"나 죽거든 내 시체를 고향에 가져가지 말고, 달리 선산 같은 데도 쓸 생각을 말고, 서울에다 묻어 주오. 유상규 군이 누워 있는 그 옆 공동묘지에다가 묻어 주오…"

아버지와 아들 같았던 안창호와 유상규

유상규(1897~1936년)는 상해 임시정부 때 도산의 비서였습니다. 경성의전 재학 중 3·1운동에 참가하고 상해로 망명하여 도산과 같은 집에서 살며 도산을 모셨습니다. 마치 아버지와 아들 같았다고 주위 사람들이 증언을 남겼습니다. 도산의 권고로 귀국하여 경성의전을 동기보다 7년 늦게 졸업하고 경성대부속병원 외과의사로 일하며 의학계몽과 동우회 활동에도 열심이었습니다만, 환자에게 세균이 감염

도산 안창호(앞줄 가운데)와 제자인 유상규(뒷줄 오른쪽).
(사진·위키피디아)

도산 안창호.
민족의 실력을 기르기 위한 교육활동과 독립운동에 앞장섰어요. (사진·위키피디아)

유상규.
상해 임시정부에서 도산 안창호의 비서로 일했어요. (사진·위키피디아)

되어 1936년 39세에 망우리묘지로 왔습니다.

왼쪽 아래가 바로 유상규의 묘입니다. 1990년 건국훈장 애족장이 추서되었습니다. 2007년 유상규의 아드님 유옹섭 씨를 만난 적이 있습니다. 그런데 마침 며칠 전, 부친의 현충원 이장 차례가 왔으니 준비하라고 보훈처에서 연락이 왔다고 하였습니다. 저는 깜짝 놀라 도산의 유언 내용을 알려드렸습니다. 그리고 이 말을 덧붙였습니다.

"만약 아버님을 대전 현충원으로 이장한다면, 도산 선생과 아버님은 영원히 헤어지는 게 아닐까요? 도산 선생은 도산공원으로 이장되었지만, 마음은 여기 남아 있지 않을까요…"

다음 주에 유옹섭 씨의 전화가 왔습니다.

"김 작가. 곰곰이 생각해 보니 그냥 놔두는 것이 아버님의 뜻일 것 같소. 자식의 편리를 위해 이장하는 건 도리가 아닌 것 같소. 아버님에게는 망우리가 제일 좋은 장소라고 생각하오…"

그 후 유옹섭 씨는 도산 묘 터를 가꾸기 위해 노력하다가 뜻을 이루지 못하고 2014년 암으로 별세하였습니다. 저는 그 뜻을 잊지 않고 고심하고 있다가 어느 날 도산공원에 가 보았습니다. 그런데 도산기념관 아래쪽 내려가는 계단 한구석에 옛날 비석이 놓여 있는 게 아닙니까. 한글로 부인 이혜련 이름까지 새겨서 만든 새 비석을

2005년 세우고 이것은 쓰지 않고 보관 중이라고 하였습니다.

그래서 저와 한국내셔널트러스트의 김금호 사무국장이 발 벗고 나서서 도산기념사업회, 흥사단의 양해를 얻어 서울시설공단은 2016년 3월 1일 이곳으로 옮겼습니다.

43년 만에 돌아온 비석이 도산과 유상규 선생의 감동적인 이야기를 전해주고 있습니다. 그리고 오른쪽에는 도산의 조카사위 애국지사 김봉성의 묘였는데, 2016년 이장하고 비석만 남아 있습니다. 좌우로 도산을 모시고 있던 모양새였습니다. 망우역사문화공원에는 이런 감동적인 인연의 이야기가 곳곳에 있습니다.

비석의 앞면 내용을 한글로 풀어서 옮깁니다.

"배우고 가르침에 끊임없이 애쓰시고
슬기와 큰 덕을 바로 세워 사심은
우리나라와 겨레를 위함이셨네.
바르고 사심 없이 사람을 대함에 봄바람 같고
일을 행하심에 가을 서릿발 같으셨네."
-출처: 도산기념관-

아사카와 다쿠미
우리의 친구 민예연구가

매년 4월 2일 전후로 한일 양국 사람들이 모여서 참배하는 일본인 묘가 있습니다. 1931년 4월 2일 식목일 기념행사를 준비하다가 별세한 총독부 산림과 직원 아사카와 다쿠미(1891~1931년)의 묘입니다.

'아사카와 다쿠미 공덕지묘'라고 쓴 무덤 오른쪽 작은 비석은 1966년 임업시험장(산림과학원) 직원들이 세웠습니다. 얼마나 덕을 많이 베풀었기에 '공덕(功德, 착한 일)'이라고 썼을까요.

다쿠미는 독실한 기독교인으로서 자신의 삶에서 이웃 사랑을 실천하고 유언으로 이 땅의 흙이 된 사람이었습니다.

다쿠미는 1891년 일본 야마나시현에서 출생하고 농림학교를 나온 후, 조선에 먼저 건너와 초등학교 교사를 하며 도자기를 연구하던 형

일본인 아사카와 다쿠미의 묘역.
다쿠미는 일본인이면서도 임업시험장 직원으로 우리나라 산림녹화에 힘썼으며, 조선 서민들의 예술품을 사랑하고 연구한 민예연구가이기도 했어요.

노리다카의 권유를 받고 조선으로 건너왔습니다. 총독부 산림과 직원이 되어 임업시험장에서 근무하며 조선의 산림녹화에 힘썼습니다. 그런 공도 있지만, 그것만으로는 여기에 남아 있는 이유가 부족합니다.

조선의 민예(서민의 예술)를 연구하여 『조선의 소반』(1929)과 『조선도자명고』(1931)를 출간하였습니다.

소반은 온돌방에 앉아 식사하는 문화를 가진 조선에서만 볼 수 있는 공예품입니다. 쓰임새와 지역에 따라 다양한 소반을 조사하여 소개한 최초의 저서였습니다. 이 책에서 다쿠미가 마지막으로 남긴 말은 조선에 대한 그의 마음을 엿볼 수 있습니다.

"지친 조선이여, 남의 흉내를 내는 것보다 갖고 있는 소중한 것을 잃지 않는다면 언젠가 자신에 가득 찰 날이 오리라. 이 말은 비단 공예의 길에 한한 것만은 아니다."

『조선도자명고』는 각종 도자기의 명칭을 정리한 책입니다. 민족의 생활상을 알려면, 사용되는 그릇의 본래의 쓰임새와 이름을 바로 알아야 합니다. 예를 들면, 추운 겨울밤에 방에서 사용하던 변기인 '요강'을 처음 본 외국인은 그 이름을 모르면 머리에 쓰거나 음식을 담아서 먹기도 할 것입니다. 이름은 그 물건의 쓰임새, 목적을 가장 잘 나타내는 것인데, 세월이 흘러 이름을 잊어 버리면 무엇에 쓰는지 모르게 됩니다. 그러므로 누군가 기록해 두어야 후대 사람도 알 수 있습니다. 그래서 이 두 책은 지금도 공예를 공부하는 사람들이 반드시 읽어야 하는 소중한 저서입니다.

묘 앞의 항아리 조각품은 다쿠미가 생전에 좋아한 백자를 본떠서 만든 조각품으로, 조각가로도 활동한 형 노리다카(1884~1964년)가 다쿠미 별세 1주기 때 세운 것입니다. 노리다카는 조선 전국 700여 곳의 가마터를 답사해 조선 도자의 역사를 정리하고, 광복 후에도 미군정의 부탁으로 한국에 남아 연구 결과를 정리하고 돌아간 최고의 조선 도자 전문가였습니다.

노리다카가 일본의 유명한 철학가 야나기 무네요시(1889~1961년)에게 조선의 백자 한 점을 선물한 것을 계기로, 아사카와 형제는 야나기와 함께 조선의 문화를 지키는 운동에 함께 나서, 1924년 경복궁 내에 조선민족미술관도 만들었습니다. 이것은 지금의 국립민속박물관으로 이어졌습니다.

조선의 아름다움을 사랑했던 일본인

다쿠미의 일기에 그의 마음이 드러나 있습니다.

"밖에 나가니 아름다운 옷을 입은 아이들이 즐거운 모습으로 다니고 있다. 조선인 아이들의 아름다움은 각별하다. 그 아름다운 천사 같은 사람들의 행복을 우리(일본인)의 행위가 어느 곳 어느 때에 방해하고 있다면, 하나님 모쪼록 용서해 주시기 바랍니다 - 1922년 1월 28일 설날 -"

이처럼 다쿠미는 일기에서 자신 속의 양심, 조선인에 대한 죄의식을 드러내고 있습니다.

그는 월급 대부분을 민예품을 수집하는 데 썼고, 그렇게 모은 민예품도 나중에 모두 조선민족미술관에 기증하였습니다. 어려운 직장 동료의 자식이나 이웃집 학생 여러 명에게 드러내지 않고 학비를 대주었습니다. 여자 거지에게는 가진 돈을 건네줬고, 남자 거지에게는 일자리를 구해 주었습니다. 조선인과는 기생부터 비구니(여승)까지 신분의 차별 없이 친구로 지냈습니다.

그렇게 진정으로 조선인과 교제한 다쿠미는 식목일 기념행사 준비로 과로한 나머지 급성 폐렴에 걸려 40세의 나이에 사망했습니다. 많은 조선인 이웃이 찾아와 눈물을 흘렸습니다. 평소 친하게 지냈던 청량사의 여승 세 명도 찾아와서 다쿠미의 부인의 손을 붙잡고 "아이고!" 하며 통곡을 하니 지켜보던 이들도 눈물을 참지 못했습니다.

아사카와 다쿠미.
한국의 산과 문화를 사랑했던 일본인이에요.

다쿠미가 쓴 『조선의 소반』의 삽화.
맨 위 돌상에서 아이가 무엇을 집어 들지 뒤에서 어머니가 지켜보고 있어요.

가족은 다쿠미에게 한복을 입히고 관에 눕혔습니다. 상여를 내보낼 때는 30여 명의 이웃 사람들이 생전의 은혜를 갚을 길이 없어졌다며 마지막 길에 서로 상여를 메겠다고 나서는 바람에 이장이 그중에서 열 명을 골라야 했습니다. 그가 사랑한 벗들의 상여 소리가 애절하게 울려 퍼지는 가운데 하늘에서 봄비가 눈물처럼 내렸습니다.

묘도 조선식의 둥근 봉분으로 만들었습니다. 일본식 묘는 비석만 있고 그 밑에 화장한 유골을 넣은 방식입니다. 1937년 이문리 묘지가 없어지면서 묘는 망우리공동묘지로 이장되었습니다. 해방 후 오랫동안 국교가 단절된 상태에서 아무도 돌보는 이 없이 방치되어 있었으나, 1964년 다시 찾아내서 임업시험장 한국인 후배들이 관리하기 시작하였습니다.

그 후 다쿠미를 기리는 양국민의 발길이 끊이지 않는 가운데, 다쿠미의 삶을 정리한 책과 일기, 편지글 모음의 책도 나왔고, 고향 야마나시현 호쿠토시(北杜市)는 2001년 7월 한국 도예가의 기증품을 받아 '아사카와 형제 자료관'을 개설했고, 2012년에는 영화 '백자의 사람'이 한일 양국에서 개봉되었습니다.

다쿠미는 『조선의 소반』 서문에서 이렇게 말했습니다. 그가 지금의 한일 양국민에게 보내는 부탁의 말 같습니다.

"일상생활에서 필자와 가까이 지내면서 견문의 기회를 주고 물음에 친절하게 답해 준 조선의 친구들과 많은 도움을 준 분들에게 이 기회를 빌려 고마움을 표하고 더욱 친해지기를 바라마지 않는다."

2001년 일본 오쿠보 전철역에서 일본인을 구하다 숨진 유학생 이수현 씨를 기리는 일본인이 더욱 늘어나고, 망우리 다쿠미 선생을 추모하는 한국인이 더욱 늘어난다면, 양국민은 더욱 친해지리라 생각합니다.

소파 방정환
동화 속으로 떠나간 어린이의 동무

　소파 방정환(1899~1931년)의 묘는 망우역사문화공원에서 가장 아름답고 가장 많은 사람이 찾는 곳입니다. 자연석(쑥돌)으로 에워싸고 위에 네모난 흰색 비석이 놓여 있습니다. 오른쪽 비석은 1983년 새로 세운 것입니다.

　네모난 비석 뒤쪽으로 돌아가 뒷면을 읽어 보겠습니다. '이들무동'이라 새겨져 있습니다. 도대체 무슨 말일까요? 여러분의 할아버지 할머니가 보시면 금세 아십니다. 오른쪽에서 왼쪽으로 읽어야 합니다. 옛날에는 위에서 아래로, 오른쪽에서 왼쪽으로 글을 썼습니다.

　'동무들이' 돈을 모아 이곳에 묘를 만들었다는 말입니다. 동무는 친구의 옛말인데, 북한에서 동무를 많이 써서 우리는 동무 대신 친

소파 방정환의 묘역.
어린이라는 말을 만들고 어린이날을 제정하기도 한 소파 방정환의 묘역은 망우역사문화공원에서 가장 많은 사람들이 찾는 곳이에요.

방정환 묘의 비석 앞면.
'동심여선(童心如仙)'이라는 글이 새겨져 있는데, '아이의 마음은 신선과 같다'는 뜻이에요.

구를 쓰기 시작했습니다. 앞면의 '동심여선(童心如仙)'은 '아이의 마음은 신선과 같다'는 의미입니다.

1931년 사망하고 홍제동 화장장에 안장되어 있던 유골을 소파 별세 5주년인 1936년 망우리로 옮겨서 묘를 만들었습니다. 비석의 글씨는 당시 최고의 명필이며 독립운동가인 위창 오세창이 썼습니다. 오세창은 천도교 교주 손병희의 측근으로 3·1운동 33인에 참여했고, 소파는 손병희의 셋째 사위였습니다.

오른쪽 비석에 소파의 삶이 상세하게 적혀 있습니다. 옆면에 보면 다음과 같이 적혀 있습니다.

"1920년 8월 25일 '어린이'라는 말을 개벽지에 처음 씀, 1922년 5월 1일 '어린이의 날'을 발기 선포, 1923년 3월 20일 개벽사에서 아동잡지『어린이』창간, 1923년 5월 1일 '어린이날' 확대 제정. '색동회' 창립, 1928년 10월 2일 '세계아동예술전람회' 개최, 1931년 7월 23일 심신의 과로로 대학병원에서 별세"

'큰 이(어른)'에 대비하여 '어린이'라는 말을 만들고 '어린이날'을 제정하고 『어린이』잡지를 낸 것은 여러분도 학교에서 배웠을 것입니다.

그런데 '세계아동예술전람회'는 어디서 본 것 같지 않습니까? 이인성 화가가 16세 때 특선으로 뽑힌 대회입니다. 이런 식으로 망우리 유명 인사는 비슷한 시대를 살았기에 이런저런 사연으로 연결되어 있어, 알면 알수록 더욱 재미있습니다.

　소파는 지금 우리가 부르는 많은 동요를 만드는 운동도 벌였습니다. 당시 어린이가 부르는 노래는 학교에서 배운 일본 노래와 어른들의 민요밖에 없었습니다. 『어린이』 잡지에서 가사를 공모하여 작곡가가 곡을 만들었습니다. '오빠 생각'은 11세의 최순애가, '고향의 봄'은 15세의 이원수(아동문학가)가 응모해 뽑힌 가사입니다. 두 분은 편지를 주고받다가 나중에 부부가 되었습니다.

　또한 소파는 뛰어난 동화 구연가였습니다. 동화 구연을 할 때마다 관중석은 눈물바다가 되었고, 어느 때는 무슨 말을 하는지 감시하러 온 일본 순사가 자신도 모르게 눈물을 흘렸다고 합니다. 전국에서 부르는 곳이 많아 이것도 소파가 건강을 해치게 된 원인이 되었습니다.

　그 밖에도 여러 잡지를 만들고 글을 쓰고 행사를 기획하는 등 바쁘게 일하다 결국 과로로 쓰러졌습니다. 병원에 입원해서도 간호사들에게 동화를 들려주며 웃음을 잃지 않고 지냈지만, 건강을 되찾지

어린이 운동가 소파 방정환.
색동회를 조직하여 어린이날을 지정했어요. (사진·위키피디아)

방정환이 창간한 우리나라 최초의 아동 잡지 『어린이』. (사진·위키피디아)

어린이 운동을 펼친 색동회 회원들(아랫줄 왼쪽에서 세 번째가 방정환).
1923년 색동회 창립 기념으로 찍은 사진이에요. (사진·위키피디아)

는 못했습니다. 죽음을 앞두고도 "어린이들을 잘 부탁한다"며 "여보게, 밖에 검정 말이 끄는 검정 마차가 와서 검정 옷을 입은 마부가 기다리니 어서 가방을 내다 주게"라는 말을 남기고, 마치 동화 속 한 장면처럼 하늘나라로 떠나갔습니다.

참으로 어린이를 위해 많은 일을 하고 떠난 소파였지만, 화장장 납골당에 안치되어 어린이들이 찾아가 인사드릴 묘가 없었습니다. 그래서 '동무들이' 모금을 하여 망우리에 무덤을 만들었습니다. 앞장서서 가장 많은 일을 한 사람이 후배 최신복이었습니다.

개벽사에서 함께 『어린이』 잡지를 만든 사람입니다. '오빠 생각'의 작사가 최순애는 그의 여동생입니다. 최신복은 배재학교를 거쳐 일본 유학에서 돌아와 수원에서 화성소년회를 이끌면서 소파와 인연을 맺었습니다.

최신복은 자신의 부모님을 수원 선산에 모시지 않고 소파 무덤 바로 아래 왼쪽에 모셨습니다. 부친도 소파를 존경하였다고 합니다. 그리고 자신의 갓난아이가 죽자 근처에 묻었다고 하고, 자신과 부인도 부모님 아래 자리에 들어왔습니다.

최신복은 소파 10주기 때인 1940년 마해송과 함께 『소파전집』을 간행하는 등의 기념사업과 소파의 뜻을 잇는 일로 분주하게 보내다가 1945년 38세의 나이에 별세하였습니다. 그의 비석에 동시 '호드기'(버들피리)가 새겨져 있습니다.

"누구가 부는지 꺾지를 말아요
마디가 구슬픈 호드기오니
호드기 소리를 들을 적마다
내 엄마 생각에 더 섧습니다."

여기서 '꺾지를…'은 꽃이나 나무를 꺾는다는 말이 아니라, 트로트 노래처럼 곡조를 높였다가 낮추는 것을 말합니다. 곡조를 꺾어서 부르면 더욱 슬퍼진다는 말이죠.

저는 여기서 방정환과 최신복의 이야기를 들려준 후에 다음과 같은 질문을 던집니다.

"여러분은 누구 옆에 묻히고 싶나요? 그리고 여러분 옆에 묻히고자 하는 사람이 주위에 있나요?"

여러분에게 방정환처럼 존경하는 사람이 있나요? 또 최신복처럼 자신을 따르는 사람, 가까운 친구가 주위에 있나요? 장래 어떤 사람이 되고자 한다면, 그 분야의 훌륭한 사람을 존경하고 따르게 됩니다. 그런 사람이 없다는 것은 아직 장래의 확실한 꿈이 없기 때문입니다. 또 자신이 착하게 열심히 살고 있다면, 즉 남의 사랑이나 존경을 받고 있다면 죽어서도 옆에 묻히겠다고 말할 정도의 사람이 생기기 마련입니다.

그런 삶의 자세를 우리는 여기 방정환과 최신복의 모습을 통해 배웁니다. 이런 것은 학교나 책에서 배우지 못하고 오로지 망우역사문화공원에 찾아와서 느낄 수 있는 체험입니다. 그래서 망우역사문화공원을 '인문학공원'이라고 부릅니다.

소파는 3·1운동 참여와 문화운동으로 건국훈장 애국장을 추서받았고, 묘는 2017년 국가 등록문화재로 지정되었습니다. 망우역사문화공원에서 가장 아름다운 무덤이니 비석을 둘러싸고 기념사진 찍는 것을 잊지 마시기 바랍니다.

명온공주와 부마 김현근
고종의 고모와 고모부

무덤 오른쪽에 비석, 가운데에 상석, 왼쪽에는 장명등이 서 있습니다. 장명등(長明燈)은 묘역에 불을 비춰 사악한 기운을 쫓는다는 의미를 지닙니다. 조선 시대에는 정1품 이상의 묘에 설치하였습니다. 조선 후기의 양식을 볼 수 있는 문화재입니다만, 6·25 전쟁의 흔적인지 머리 부분이 깨지고 불에 그을린 흔적이 있습니다.

명온공주(1810~1832년)는 순조의 1남 3녀 중의 장녀로, 오빠는 효명세자이고 동생은 복온, 덕온 공주입니다. 세 자매는 조선의 마지막 공주들입니다. 이후로는 덕혜옹주처럼, 왕비가 아닌 후궁에게서 낳은 딸을 말하는 옹주만 태어났습니다.

명온공주의 부마(공주의 남편)를 정할 때, 순조는 1823년 5월 일단

명온공주와 부마 김현근의 묘역.
조선 제23대 왕 순조와 순원왕후의 큰딸 명온공주와 부마 동녕위 김현근의 합장묘예요.

전국 양반의 아들 12~15세의 결혼을 금지하고 15명의 후보를 올리라고 명하였습니다. 1차 심사에서 8명, 2차 심사에서 3명, 마침내 마지막으로 진사 김한순의 아들 김현근(1810~1868년)으로 정했습니다.

동녕위(東寧尉)라는 작위를 내렸는데 위(尉)는 벼슬 위 자로, 왕자의 군(君)보다는 한 단계 아래입니다. 7월 17일 결혼식을 올렸는데, 만 13세 동갑의 어린 부부였습니다. 두 사람이 살던 집은 지금 종로구 관훈빌딩 자리였습니다. 빌딩 앞의 죽동궁터라는 기념동판에 이렇게 적혀 있습니다.

"죽동궁은 순조의 장녀 명온공주와 그 남편 김현근이 거주하던 곳이다. 이곳은 당시 김현근이 앓고 있던 병을 치료하기 위해 무당들이 대나무 칼춤을 추며 병이 낫기를 기원했다고 하여 죽도궁(竹刀宮)으로 불리다가 후에 죽동궁이 되었다. 고종 때에는 명성황후의 조카 민영익이 살기도 하였다."

순조의 사랑을 받았던 공주와 부마

그런데 병이 있다던 남편 김현근은 오래 살고, 부인 명온공주는

1832년(순조 32년) 22세의 나이로 일찍 죽었습니다. 순조는 "병이 비록 깊고 오래 끌기는 하였으나 그래도 만에 하나 다행하기를 바랐는데 지금 아주 갔다는 기별을 듣게 되니 서럽고 서럽도다. 참으로 인정으로는 감내하지 못하겠으니, 서럽고 서럽도다"라고 하였습니다.

명온공주 사후에도 김현근은 중요한 일을 맡았습니다. 중국에 사신으로 여러 번 다녀오고, 궁궐 내의 약방, 빙고(얼음창고), 내의원(의약), 사옹원(음식) 등의 제조(우두머리)를 지내고, 고종 2년(1865)에는 의금부의 최고직인 판의금부사(종1품)를 지냈고, 58세인 1868년(고종 5년)에 사망하였습니다.

고종은 김현근의 사망 소식을 듣고, "뜻하지 않게 한 번 병이 들어 문득 세상을 떠났으니, 지나간 일을 돌이켜봄에 슬픔을 금할 수 없다.… 전 동녕위에게 영의정을 내리는 의전을 당일로 거행하라"고 하였습니다.

고종이 김현근을 특별히 대우한 이유가 있었습니다. 고종은 대원군 이하응의 둘째 아들이었습니다. 효명세자의 부인이었던 조 대비가 이하응의 아들 이명복을 자신의 양자로 들인 후에 왕으로 올렸습니다. 친척이 아니라 왕(효명세자는 사후 익종, 문조로 칭함)의 아들이 자리를 이었다는 정통성을 세우기 위함이었습니다. 그러니 명온공주는 고종의 고모가 되고, 김현근은 고모부가 되는 것입니다.

비석에 따르면, 김현근은 "안동 김씨 김상용의 5대손으로 어려서부터 말과 글이 똑똑하여 순조의 눈에 들어 15세에 부마가 되었다. 성실히 공무에 종사하고 사정에 매이지 않았으며 정자를 지어 놓고 거문고와 서책을 벗하였다"라고 하였습니다.

상석에 새겨진 군인들의 이름

무덤은 원래 고려대 앞쪽에 있다가 1936년 이곳으로 이장되었습니다. 그래서 드물게도 망우리공원에 왕족이 있는 것입니다. 2016년 KBS 드라마 '구르미 그린 달빛'에 효명세자(박보검)와 명온공주(정혜성)가 나와서 더욱 유명해졌습니다.

명온공주도 인물이 뛰어나고 총명하며 시도 잘 써서 오빠 효명세자와 자주 시를 주고받으며 우애가 돈독하였습니다. 효명세자는 18세부터 부친 순조를 대신하여 나라를 통치하였습니다. 뛰어난 능력을 가졌으나 안타깝게도 21세에 사망하였습니다. 무덤은 동구릉 안의 수릉입니다.

명온공주 묘지의 상석.
6·25전쟁 때 망우리 전투에 참가했던 군인들의 이름이 새겨져 있어요.

그런데 무덤 앞 상석 위에 무언가 새겨져 있습니다. 한가운데에 'Smith'가 있고 둘레에 'CHAI IM TAI(채임태)', 'LEE DUK CHIN(이덕진)', 'CHA J(차 J)'가 있고 태극 마크도 보입니다.

6·25 전쟁 때 '망우리 전투'가 있었습니다. 그때의 흔적입니다. 망우리공원 비석 중에는 총탄으로 깨지고 패인 비석이 종종 보입니다. 1950년 9월 28일의 서울 수복 후에 이곳에서 유엔군과 인민군이 전투를 벌여 많은 사상자가 나왔습니다.

명온공주의 묘에서 적을 기다리던 네 명의 군인으로 생각됩니다. 미군 스미스와 미군에 속한 한국 군인(카투사)이 상석에 자신들의 이름을 새겼을 것입니다. 언제 죽을지 모르는 그들은 마지막으로 무언가 자신의 흔적을 남기고자 하였던 것 같습니다. 그들은 당시 모두 전사했을까요? 아니면 누군가는 살아서 다시 이곳을 찾아왔을까요?

3. 셋째 날

서화가 오세창에서
국민강녕탑까지

• 셋째 날 코스 가이드

①오세창(서화가) → ②문일평(언론인) → ③한용운(애국지사) → ④조봉암(정치가) → ⑤박찬익(애국지사) → ⑥중랑전망대 → ⑦최학송(소설가) → ⑧국민강녕탑

위창 오세창
우리나라 최고의 서화가

　　위창 오세창(1864~1953년)은 3·1운동 민족대표 33인에 천도교 대표로 참여하였습니다. 이곳에는 불교계 대표 한용운, 기독교계 대표 박희도까지 합해 모두 3인이 있습니다. 그리고 망우역사문화공원에는 3·1운동에 참여했던 다른 인물도 많고, 또한 지도자들을 따라 독립만세를 외쳤던 이름 없는 서민도 함께 있습니다. 그래서 망우역사문화공원은 3·1운동의 성지라고 할 수 있습니다.

　　위창은 건국훈장 대통령장을 추서받았습니다. 망우역사문화공원에서는 대한민국장을 받은 만해 한용운에 이어 두 번째로 높은 훈격입니다.

　　그리고 위창은 최고의 서화가(글씨와 그림에 능한 사람), 문화재 수

위창 오세창의 묘역.
오세창은 3·1운동 민족대표 33인 가운데 하나로, 우리나라를 대표하는 서화가이자 문화재 수집가, 언론인이었어요.

집가, 언론인이었습니다. 최고의 서예가로서 망우역사문화공원에는 노고산천장비, 설태희, 방정환 등의 묘비에 글을 남겼습니다. 부친에게 물려받은 재산으로 많은 서화 작품을 사서 모았습니다. 만해 한용운도 오세창의 집을 찾아가 무려 2박 3일 동안 서화를 감상하고 돌아왔다고 할 정도로 1,000점 이상의 작품을 소장하였습니다. 성북구 간송미술관의 설립자인 전형필은 오세창의 지도를 받으며 많은 국보급 문화재를 사들였습니다. 문화재는 민족이 가진 정신의 힘을 보여 주는 것이기 때문입니다.

천도교를 대표하는 민족 지도자

위창은 중국어 역관 오경석(1831~1879년)의 아들로 태어났습니다. 부친 오경석은 중국을 드나들면서 개화의 필요성을 절감하여 서양의 사정과 과학문명에 관한 서책을 많이 구해 왔습니다. 이 책들을 한의사 겸 학자인 대치 유홍기에게 건네주었는데, 유홍기는 서적에서 얻은 개화사상을 후에 갑신정변의 주역이 되는 김옥균, 박영효, 홍영식, 유길준 등에게 가르쳤습니다.

1876년 일본과의 강화도조약 때 무력으로 물리치자는 쇄국파도 있었으나, 오경석은 좌의정 박규수와 함께 승리할 가능성이 없는 전쟁을 피하고 나라의 문호를 개방하자며 조약 체결에 힘썼습니다. 그래서 오경석, 유홍기, 박규수가 개화의 원조 3인으로 불립니다. 그들은 후에 일본이 조선을 침략하게 될 줄 미처 예상하지 못했습니다.

위창은 1880년 16세에 중국어 역관 시험에 합격하였으나 역관보다는 주로 언론인으로서 활동하였습니다. 1886년 신문 발행과 출판 업무를 맡은 박문국에 들어가, 『한성주보』(1886, 우리나라 최초 신문 『한성순보』의 후신) 기자가 되었습니다. 순보는 열흘, 주보는 일주일마다 나오는 신문을 말합니다. 우정국(정보통신부) 통신국장 등의 관직을 거쳐 1897년 일본의 초청으로 1년간 일본에 머물면서 도쿄 외국어학교 조선어 교사를 지냈습니다.

개화당 사건으로 1902년 다시 일본으로 망명하였는데, 이때 일본에 와 있던 천도교 교주 손병희의 권유로 천도교에 입교하였습니다. 이후 손병희의 참모로서 활동하며 천도교 신문 『만세보』의 사장(1906)을 지내고, 이어서 대한협회의 『대한민보』 사장(1909)을 지냈습니다.

3·1운동 때는 손병희와 함께 천도교를 대표하는 인물로 민족대표 33인에 참가하였습니다. 해방 후에는 건국준비위원회 의원 등 많은

중책을 맡았습니다. 1946년 8월 15일에는 민족대표로서 일본으로부터 대한제국의 국새를 돌려받았고, 또 백범 김구가 암살당했을 때는 장의위원장직을 맡는 등 1953년 89세로 타계하는 그날까지 민족의 원로 지도자로 존경받았습니다.

우리나라 서예계를 대표하는 거목
비문을 읽어 보겠습니다.

"이 묘에 잠드신 위창 선생 오세창 어른은 1864년 7월 서울에 나시어 1953년 4월 세상을 떠나시니 향년 90 민족의 개화를 위하여 몸소 그 선구를 잡으셨고 조국의 광복을 위하여 독립선언 33인 중에 열(참여)하시었을 뿐 아니라 문화의 발전에 크게 힘주시어 서예와 금석 고증의 거벽(巨擘, 뛰어난 사람)을 이루시니 평생에 남기신 위공(훌륭한 공)은 길이 빛나 비길 바 없다. 어른 가신 지 3년 후생과 유족이 뜻을 모아 선생이 끼치신 빛을 오래 계승하려 이에 1956년 10월 이 묘비를 세우다. 1956년 10월 일 전홍진 찬(撰) 손재향 전(篆) 김응현 서(書)"

독립운동가이자 서예가, 언론인 위창 오세창. (사진·위키피디아)

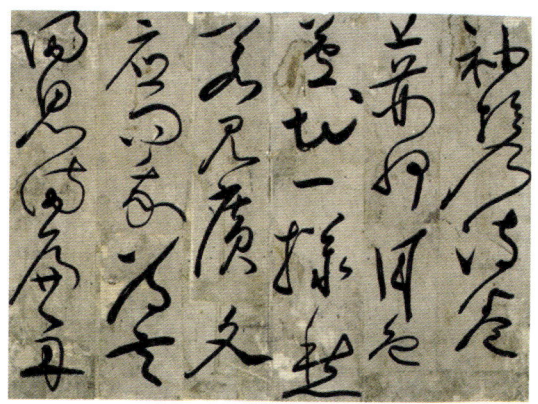

오세창의 친필 서신.
오세창은 대한서화협회를 창립하여 예술 운동에도 앞장섰어요. (사진·위키피디아)

위창 오세창의 묘비.
제자인 손재형이 썼는데, 도장 글씨체라 할 수 있는 전서예요.

위창 오세창 연보비.
오세창은 죽는 날까지 민족의 원로 지도자로 존경을 받았어요.

찬(撰)은 글을 짓다는 의미입니다. 전(篆)은 고대 한자체를 말합니다. 비석의 앞면 글씨가 전서(篆書)입니다. 쉽게 말해 도장 글씨체라고 할 수 있습니다.

비석의 앞면은 제자 손재형(1903~1981년)이 썼습니다. 도산 안창호의 비석 앞면 글도 그가 썼습니다. 위창에게 전각과 서화 감정을 배웠고, 해방 후 한국 서예계의 거목으로 서도(書道) 대신 서예라는 말을 만들었고 예총회장, 국회의원을 지냈고 박정희 대통령의 서예 선생도 했습니다.

묘 입구의 연보비에 적힌 글은 그의 대표적 저서 『근역서화징(槿域書畵徵)』(1928)의 머리말에 나온 글입니다. '근역(무궁화 지역)'은 우리나라의 별명이고, '징(徵)'은 모았다는 의미입니다. 신라의 솔거부터 조선 후기 인물까지의 서화(글과 그림)를 모아서 설명한 최초의 서화가인명사전입니다. 집안의 재산을 다 써 가며 모은 서화는 방대한 자료가 되어 이 책을 쓰는 데 큰 도움이 되었습니다. 연보비 글을 아래에 옮깁니다.

"글과 그림이 대대로 일어나 끝내 사람에게서 없어지지 않는 것은 사람이 본디 가지고 있는 성품이 서로 비슷하고 사물의 근원이 있었던 까닭이다. 이에 솔거 이하 근래 사람에 이르기까지 서화를 밝혀 놓고 높고 낮음을 평하였다."

앞부분이 좀 아리송합니다. 알기 쉽게 고쳐 쓰면, "글과 그림이 계속 세상에 나타나고 끝내 사람에게서 없어지지 않는 것은, 사람이 원래 가진 성품이 서로 비슷하고, 그 비슷한 성품에서 글과 그림이 나오기 때문이다…."

옛사람이 남긴 그림이나 서양인의 그림을 보고 좋다고 느끼는 것은 사람의 마음이 엇비슷하기 때문입니다. 그림을 좋아하는 사람은 옛사람이나 서양인의 작품도 좋아합니다. 그러므로 뛰어난 작품은 오랫동안 사라지지 않고 동양과 서양, 옛날과 현대의 사람들을 통하게 합니다. 예술은 무엇인지, 예술가란 어떤 사람인지 생각하게 해 주는 글입니다.

호암 문일평
한국학의 선구자

친구 홍명희(1888~1968년)가 어느 날 호암 문일평(1888~1939년)의 집으로 찾아왔습니다.

"호암, 내가 아는 아무개가 고무신 공장을 시작했다네. 우리 민족의 정신이 담긴 상표를 하나 지어 달라고 하는데, 나는 뾰족한 생각이 떠오르지 않아 자네를 찾아왔네. 하나 지어 주게."

"그래? 그 사람 장하군. 민족정신이 있는 사업가로군. 음…, 이순신의 철갑선 '거북선'이 어떤가?"

"그거 좋군. 그자에게 알려주겠네. 역시 자네는 머리가 좋아."

"허허, 조선의 천재라는 자네에게 그런 칭찬을 듣다니 기분 좋군. 허허."

호암 문일평의 묘역.
문일평은 독립운동가로 집안의 전 재산을 교육 사업에 사용했으며, 우리나라 문화와 역사를 연구하는 한국학 발전에도 앞장섰어요.

 그 회사는 거북선 노래도 만들고 이순신 묘 보전을 위한 성금도 내는 사회공헌에도 힘썼습니다. 거북선표 고무신은 유명 상표가 되어, "가짜 거북선표가 많으니 속지 마시고 바닥이 물결 모양인 것을 확인해 주세요"라는 광고를 신문에 낼 정도였습니다. 조선 민중은 생활 속에서 반일의 마음을 표현했던 것입니다.
 일제강점기 시절이라 민족의 자부심을 일깨우고자 호암 문일평은 이순신을 비롯한 우리 역사의 위인을 알리고 우리 문화를 널리 알리는 데 힘썼습니다. 그래서 그는 '조선심(朝鮮心, 조선의 문화)', '조선학

독립운동가이자 언론인, 한국학 선구자인
호암 문일평 (사진·위키피디아)

호암 문일평의 연보비.
1995년 뒤늦게 건국훈장 독립장을 맞았어요.

(한국학)'의 선구자로 불립니다.

 될 수 있으면 알기 쉬운 역사 서술을 통해 우리 민족의 위대성을 알리고자 하였습니다. 한 예로, 만주는 우리의 옛 땅이었는데 그것을 잃게 된 안타까움을 1932년 1월 2일 『동아일보』에 '만주와 조선족'이라는 글에서 이렇게 말했습니다.

 "…만주는 역사로 볼 때 조선 민족이 나고 자라던 요람이요 활약하던 무대이다. 멀리 단군으로부터 주몽에 이르기까지 고조선의 큰 중심이 여기 있었다. 불행히 고구려의 통일운동이 수나라와 당나라의 방해로 실패되자 남북국으로 갈라진 조선 민족은 반도의 신라와 대륙의 발해 이렇게 두 중심(남북국)을 이루어 각기 따로 발전하였다. 그러나 남북국 때도 만주는 대조선의 테두리 안에 들어 있었지만 발해가 한번 망한 뒤 그 백성이 흩어지고 만주는 아예 이민족들이 다투는 땅이 되어 버렸다…."

호암 문일평은 평북 의주에서 무관의 집안에서 태어났습니다. 1905년 일본으로 유학을 떠나 메이지학원 중학부에서 공부하며, 평안도와 황해도 출신 유학생의 모임인 태극학회에 가입하여 활동하였습니다.

1908년 귀국하여 도산 안창호가 설립한 대성학교와 의주의 양실학교, 서울의 경신학교 등에서 교사로 일하는 한편, 최남선 등이 설립한 조선광문회에 참가하여 고문헌의 보존과 배부, 고문화를 알리는 사업에 앞장섰습니다. 도산 안창호 등이 설립한 비밀결사 신민회에도 참가하였습니다.

신민회가 해산되자 다시 1911년 일본 와세다대학에 들어가 정치학을 공부하고, 1912년 중국 상해로 건너가 신규식이 주도한 동제사

(同濟社)라는 비밀 독립운동 단체에서 박은식, 김규식, 신채호, 조소앙, 홍명희 등과 함께 활동하였습니다.

1914년 귀국하여 경찰의 감시를 받으며 고향에서 은신하다가, 1919년 3·1운동이 일어나자 3월 12일 종로 보신각 앞에서 조선 13도 대표자 명의로 된 '애원서'를 읽으며 시위를 주도하여 경성지방법원에서 8개월의 징역형을 받고 옥고를 치렀습니다. 묘 입구의 연보비에 적힌 "조선 독립은 민족이 요구하는 정의 인도로서 대세 필연의 공리요 철칙이다"라는 글은 애원서에 나오는 내용입니다.

출옥 후에도 문일평은 일제의 회유에도 끝내 지조를 굽히지 않았습니다. 중동, 중앙, 배재, 송도 등의 학교에서 역사를 가르치며 청년에게 민족의식을 심는 일에 노력하였고, 1927년 좌우 합작의 신간회에 발기인(앞장선 사람)으로 참여하였습니다. 집안의 재산을 교육 사업에 모두 써서 자식들 공부시키기 어렵게 됐을 때도 총독부 기관지 『매일신보』의 간부로 와 달라는 총독부의 권유를 뿌리쳤습니다.

1933년 조선일보 편집고문으로 들어가 별세할 때까지 6년간 근무하며 한국사에 관한 많은 글을 연재하였습니다. 한편으로 1934년 조선의 문화를 연구하는 진단학회에도 발기인으로 참여하여 활동하다가, 1939년 4월 3일 세균에 감염되어 별세하였습니다.

호암 문일평은 1995년 건국훈장 독립장을 추서받았습니다. 망우역사문화공원에서 훈격으로는 한용운, 오세창의 다음입니다. 애국지사 대부분 1962년 훈장을 받았습니다만, 뒤늦게 받은 이유가 있습니다. 가족의 월북 때문입니다.

장남 문동표는 1947년 조선일보 편집국장을 지냈는데 6·25 때 월북했습니다. 호암의 부인과 장녀 부부가 따라갔습니다. 부인은 평북여성동맹위원장을 지냈고, 손자 문병우는 사회과학원 교수를 지냈습니다.

묘 왼쪽의 비석은 친구 정인보가 한문으로 썼습니다. 오른쪽의 큰 비석은 1997년 세워진 것인데, 비석 왼쪽 맨 아래에 '외손서(외손녀의 남편) 방우영(전 조선일보 사장)'이라고 적혀 있습니다. 호암과 조선일보의 밀접한 관계를 잘 알 수 있습니다.

비문을 쓴 이규태(1933~2006년)는 조선일보 기자로 '이규태 코너'라는 한국학 관련 글을 1983년부터 23년간 연재하였습니다. 저서도 100권이 넘습니다. 한국학의 대가 이규태가 자신의 학문적 선배로 존경한 이가 바로 조선학의 선구자 호암 문일평이었습니다.

만해 한용운
시 '님의 침묵'을 쓴 최고의 애국지사

묘 입구에 문화재청이 세운 안내판이 있습니다. 2012년 국가등록문화재로 등재되었다는 내용입니다. 망우역사문화공원에서는 최고의 훈격인 대한민국장을 받은 만해 한용운 선생(1879~1944년)이 2012년 먼저 등재되고, 2017년 오세창, 문일평, 오기만, 방정환, 유상규, 서동일, 서광조, 오재영 등 8명의 애국지사가 추가 등재되었습니다. 우리가 이름을 잘 모르는 애국지사도 있지만, 망우역사문화공원의 둘레길 좌우로 한군데에 모여 있어 시민과 학생에게 교육적인 면에서도 매우 뛰어나다는 점이 인정되었습니다.

만해는 불교계 대표로 3·1운동 33인에 서명하였고, 최남선이 쓴 독

불교계를 대표한 애국지사이자 시인인 만해 한용운의 묘역.
부인인 유씨와 함께 묻혀 있으며, 비석 앞면의 글씨는 서예가 김응현이
광개토대왕비의 글씨체로 썼어요.

립선언서의 끝에 공약 3장을 추가하였습니다. 옥고를 치르는 동안, 그리고 출옥 후에도 끝까지 지조를 굽히지 않고 계속 신간회 등에도 참여한 애국지사였으며, 유명한 시집『님의 침묵』을 내고 소설도 신문에 연재한 문학가였으며,『불교유신론』을 써서 불교의 개혁을 주장한 승려였습니다.

독립을 1년 앞두고 별세하다

계단을 올라가면 묘가 두 개 나란히 있습니다. 비석 앞면에는 '만해 한용운 선생 묘, 부인유씨재우(夫人兪氏在右)'라고 적혀 있습니다. 글씨는 서예가 김응현이 썼는데 중국 지린성에 있는 광개토대왕비(414년)의 글씨체, 광개토대왕체라고 합니다.

그런데 결혼하지 않은 스님인 줄 알았는데 부인이 있다고 하며 놀라는 사람이 있습니다. 아내를 가진 스님을 대처승이라고 합니다. 지금의 한국 불교는 결혼하지 않는 비구승이 대부분이고 태고종 종파에서만 결혼을 자율로 맡기고 있습니다.

만해는 인구가 일본보다 적은 것도 수모의 하나이니 우리 민족은 장래 1억의 인구를 가져야 한다고 주장하며 몸소 실천(?)하였습니다. 만해는 55세 때 신자의 소개로 36세의 간호사 유숙원과 결혼하고 다음 해에 딸을 낳았습니다. 1944년 안타깝게도 나라의 독립을 보지 못하고 별세하였습니다. 미아리의 화장장에서 불교식으로 화장된 후 이곳 망우리에 안장되었고, 부인은 1965년 옆으로 왔습니다.

비문에 '부인유씨재우'라고 하니 어느 사람은 부인의 성은 유 씨이고 이름이 재우라고 말합니다만 그건 아닙니다. 부인 유 씨가 오른쪽에 있다는 말입니다.

좀 더 높은 단계의 지식을 확인하겠습니다. 부인의 묘는 여러분이 바라보는 쪽에서 왼쪽인가요 오른쪽인가요? '오른쪽에 있다'고 하였으니 많은 이들이 오른쪽 묘를 부인이라고 합니다만, 그게 아닙니다. 누워 있는 만해의 입장에서 오른쪽이라는 의미입니다. 예전에는 그걸 잘 몰라서 꽃다발을 부인 묘 앞에 바치는 사람이 많았습니다. 뭐, 그래도 괜찮겠죠. 여성이 꽃을 좋아하니까.

깨달음을 얻는 집, 심우장

성북동의 심우장 이야기로 넘어갑니다. 심우장은 만해가 결혼 후

독립운동가이자 시인 만해 한용운.
3·1운동 민족대표 33인 가운데 한 명이에요. (사진·위키피디아)

한용운의 연보비.
한용운은 불교의 개혁을 주장한 승려이면서 시집 『님의 침묵』을 낸 시인이기도 해요.

성북동에 있는 심우장.
한용운이 살던 집으로, '심우장'은 깨달음을 얻는 집이라는 뜻이에요. (사진·위키피디아)

에 살던 집의 이름입니다. '심우(尋牛)'는 소를 찾는다는 말로, 소는 마음(心)을 의미하여, 불교의 수행에서 잃어버린 소를 찾는, 즉 깨달음을 얻는 과정을 말합니다.

만해는 총독부가 보이지 않게 북쪽을 향해 심우장을 지었다는 말이 전해 내려오고 있습니다. 인터넷에도 많이 나옵니다. 그 정도로 철저한 애국지사였다는 것을 증명하는 사실로 소개됩니다만, 직접 성북동의 심우장에 가 보면 그렇게 지을 수밖에 없다는 걸 알게 됩니다.

심우장은 북한산의 북쪽 성곽 아래에 들어선 북정마을에 있는데, 집터가 남쪽을 등진 언덕배기라 북향으로 지을 수밖에 없는 구조입니다. 더군다나 시내가 내려다보이는 성의 안쪽은 시내와 더 가깝고 교통도 편해 땅값이 더욱 비쌉니다. 따라서 집을 북향으로 지은 게 아니라 애초에 북향의 터를 선택했던 것입니다. '북향 터의 선택'이라는 말이 '남향으로 할 수도 있지만 일부러 북향으로' 세웠다는 말로 잘못 전해진 듯합니다. 이렇듯 모든 역사는 현장을 가 봐야 진실을 확인할 수 있습니다. 만약 장래 작가나 학자를 꿈꾸는 학생이 있다면, 남이 쓴 글을 그대로 믿지 말고 뭐든 직접 확인하는 자세를 가져야 합니다.

그리고 망우리공원에서 제가 많이 받는 질문이 있습니다.

"대단히 훌륭하신 애국지사 만해 선생이 왜 현충원에 계시지 않고 여기 계시죠?"

언론사 기자 중에서도 그런 내용을 쓰는 사람이 간혹 보입니다만, 애국지사는 무조건 현충원에 모셔야 한다는 건 오래전의 굳은 생각, 고정관념입니다. 옛날 살기 힘들던 시절에는 묘를 관리하는 것이 어려웠습니다. 그래서 현충원으로 가면 국가가 모두 관리해 주고, 아무나 갈 수 없는 현충원에 들어간다는 것은 영광스러운 일이었습니다.

그런데 현충원에 가 보면 모두 좁은 자리에 죽 줄을 세워 놓은 것을 볼 수 있습니다. 묘와 비석이 모두 똑같은 모양입니다. 성스러운 곳이긴 하지만, 아무런 개성도 없이 관리하기 쉽게 만든 곳 같다는 생각도 듭니다.

이곳 만해의 묘에 서 있으면 아래로 한강이 내려다보이고 주위에 나무도 많습니다. 비유하자면, 현충원은 빽빽하게 늘어선 작은 아파트 같고, 망우리는 너른 전원주택 같습니다. 그리고 만약 현충원으로 이장하게 되면, 지금의 비석은 갖고 가지 못합니다. 아름다운 소파의 비석이나, 커다란 만해의 비석은 갖고 가지 못하고, 규격화된 작은 비석이 대신 세워지게 됩니다. 어디에 모시는 것이 더 잘 모시는 것일까요?

"아아, 님은 갔지마는 나는 님을 보내지 아니하였습니다

제 곡조를 못 이기는 사랑의 노래는 님의 침묵을 휩싸고 돕니다"

- 한용운의 시 '님의 침묵' 중에서 -

죽산 조봉암
말 없는 비석이 전하는 뜻

　매년 7월 31일에 열리는 죽산 조봉암(1899~1959년)의 추모식에는 대통령과 여당, 야당의 대표가 보낸 추모의 꽃이 묘역을 장식하고 있습니다. 반공, 멸공을 주장하던 시대에 평화통일을 주장한 선구자였기에, 지금 죽산 조봉암은 좌우를 뛰어넘은 이상적인 정치가로서 존경을 받고 있습니다.

　비석의 뒷면과 왼쪽, 오른쪽을 살펴보시기 바랍니다. 무슨 글이 적혀 있나요? 아무리 봐도 전혀 글이 보이지 않는다고요? 마음이 착한 사람에게만 보입니다.

　농담입니다. 아무런 글이 없습니다. 앞면에 '죽산 조봉암 선생지묘(선생의 묘, 竹山曺奉岩先生之墓)'라고만 적혀 있습니다. 보통 이 정도

죽산 조봉암의 묘역.
정치인 조봉암은 반공, 멸공을 주장하던 시대에 평화통일을 주창한 선구자였어요.

죽산 조봉암 묘역 입구.
조봉암은 1959년 북한의 간첩으로 몰려 사형당했으나, 2011년 대법원의 재심에서 무죄판결을 받았어요.

크기의 비석이면, 만해처럼 비석에 글이 가득한 것이 보통입니다. 글이 없어서 백비(白碑)라고 합니다.

묘 왼편에 서 있는 안내판을 읽어 보면 왜 글이 없는지 그 사연을 알 수 있습니다.

"인천 강화 출생. 청년 시절 3·1운동에 참여하여 옥고를 치른 후 독립운동에 투신했다. 국내외에서 활동하다 신의주 감옥에서 7년간 복역했다. 일제강점기 조선공산당 주요 리더들 가운데 한 사람이었지만 해방 후 조선공산당과 결별하고 중도파의 길을 걷기 시작했다. 1948년 인천에서 제헌국회의원으로 당선되어 헌법기초위원으로 활동하고, 초대 농림부 장관을 맡아 농지개혁을 추진하고 국회부의장을 역임했다. 제2대 및 제3대 대통령 선거에서 연이어 2위를 차지하여 이승만 대통령의 장기집권을 위협하는 존재로 떠올랐고 1956년 진보당을 창당했다. 북한의 간첩으로 몰려 1959년 7월 31일 사형당하고 이곳에 묻혔으나 비문이 없는 묘비가 그의 누명을 '침묵의 소리'로 항변하고 있다. 마침내 2011년 대법원의 재심에서 무죄를 선고받아 대한민국 건국의 주역으로, 국민의 행복을 앞세우는 이상적인 정치인 상으로 부활하고 있다."

독립운동가, 정치인 죽산 조봉암.
3·1운동 주동자로 체포되어 복역하기도 했어요. (사진·위키피디아)

진보당 사건으로 재판을 받고 있는 조봉암(왼쪽 끝).
이 사건으로 조봉암은 사형당했어요. (사진·위키피디아)

 자유당 정권에 의해 간첩으로 몰려 억울하게 사형을 당한 조봉암의 유족과 관계자들은 오래전부터 비석에 새길 글을 준비해 두고 이제나저제나 하며 무죄선고를 기다렸습니다. 마침내 2011년 무죄를 선고받고 비석에 글을 새기려고 하였는데, 이 글 없는 비석 또한 당시의 '아무런 말을 할 수 없는 상황'을 전해 주는 증거라고 생각하여 그대로 두기로 하였습니다. 다행히 왼편의 안내판과 입구의 연보비가 비문의 역할을 대신하고 있습니다.

'사운드 오브 사일런스(Sound of Silence)'가 무슨 뜻이죠? 여러분 부모님은 '사이먼 앤 가펑클'이라는 두 가수의 유명한 팝송을 아실 겁니다. 우리 말로 '침묵의 소리'입니다. 침묵과 소리는 반대말 같지만, 가만히 생각해 보면 이루 말할 수 없이 아름답다는 말이 있듯 침묵은 많은 설명 그 위의 단계라고도 할 수 있습니다. 그래서 때로는 침묵이 더 많은 말을 전해 주기도 합니다.

연보비의 글을 읽어 보기로 합니다.

"우리가 독립운동을 할 때 돈이 준비되어서 한 것도 아니고 가능성이 있어서 한 것도 아니다. 옳은 일이기에, 또 아니 하고서는 안 될 일이기에 목숨을 걸고 싸웠지 아니하냐."

망우역사문화공원에서 가장 감동적인 글의 하나입니다. 우리나라가 8·15 해방을 맞이한 것은 우리 힘으로 이룬 것이 아니고 미국을 비롯한 연합군에 일본이 패해서 저절로 얻어진 것이라는 말이 있습니다. 실제로 대한민국 임시정부는 미군 정보부대와 함께 국내 침공을 계획하고 준비했으나 갑자기 해방을 맞이하여 김구 주석도 그 점을 크게 한탄하였습니다.

그러나 "가능성이 보이지 않는 독립운동 해 봤자 뭐해?" 하며 우리가 아무것도 하지 않았다면 아마 해방 후에도 한국민은 독립의 의사나 자치 능력이 없는 민족으로 취급받아 다시 누군가의 지배를 받았을 겁니다. 그러니 꾸준히 우리 선조들이 국내외에서 흘린 피는 결코 헛되지 않았습니다. 그래서 우리는 애국지사의 고귀한 헌신을 잊지 않기 위해 망우리에 찾아와 인사드리는 것입니다.

이 말을 여러분의 경우로 바꾸어 읽어 봅니다. 만약 지금 공부를 열심히 해도 집안이 가난해서 유학도 가지 못한다고 생각하여 공부를 포기하는 사람도 있을 것입니다. 그러나 열심히 하다 보면 그 모습을 본 누군가가 손을 내밀어 줍니다. 그리고 막상 환경이 좋아져서 원하는 공부를 마음껏 하게 되었을 때, 기회가 왔을 때, 만약 준비되어 있지 않다면 그때는 이미 늦습니다. 나이키 광고처럼 '저스트 두 잇(Just Do It)', 그냥 열심히 합니다.

조봉암 같은 애국지사가 가능성이 보이지 않더라도 옳은 일이기에, 또 해야 할 일이기에 목숨을 걸고 싸웠기에 해방 후에 우리가 나라를 온전히 지키게 되었듯, 꾸준한 노력은 시간이 걸리더라도 반드시 보답을 받게 됩니다.

망우역사문화공원의 많은 연보비나 비석에는 이렇게 여러분 삶의 자세를 일깨워 주는 글이 가득합니다. 그러므로 묘역에 들어가면 비석이나 안내판의 글을 차분하게 읽어 보기 바랍니다.

마지막으로 연보비의 글을 모두 함께 큰소리로 읽어 보도록 하겠습니다. '독립운동'이라는 단어 대신에 여러분이 꿈꾸는 그 무엇을 떠올리며 읽어 보시기 바랍니다.

남파 박찬익
자신을 팔지 않은 진정한 지사

저는 언론사 취재를 가끔 받는데, "망우리 인물 중 누가 가장 인상 깊은가?"라는 질문에 저는 남파 박찬익(1884~1949년)을 꼽습니다. 삶의 자세가 참으로 존경스럽기 때문입니다.

남파 박찬익은 임시정부에서의 활동으로 호암 문일평과 같은 등급의 건국훈장 독립장을 추서받은 애국지사입니다.

남파는 경기도 파주에서 반남 박씨 양반가에서 출생하였습니다. 1908년 공업전습소에 들어가 동년 9월 최초의 이공계 단체인 공업연구회 초대 회장을 맡고, 1909년 1월 최초의 공업·기술 잡지『공업계』를 신규식과 함께 창간하였습니다. 공업전습소는 후에 서울공고와

남파 박찬익의 묘역.
박찬익은 일제의 체포를 피해 중국 만주에서 활동하며 백범 김구를 도와 임시정부가 중국 국민당의 협력을 얻는 데 큰 역할을 하였어요.

서울공대로 이어졌고, 당시 건물이 동숭동 방송통신대 안에 남아 있습니다.

그 한편으로, 남파는 안창호가 1907년 조직한 비밀결사 신민회에 가입했습니다. 신민회 소속 단체인 청년학우회에서 활동하였습니다만, 1911년 '105인 사건(데라우치 총독 암살 음모 사건)'으로 신민회가 발각되자, 남파는 체포를 피해 중국 만주로 떠났습니다.

만주 용정에서 한인 사회의 애국계몽운동에 힘쓰고, 1919년 2월 무오독립선언서(대한독립선언서) 39인에 참여하였습니다. 1921년부터 상해 임시정부에서 일했습니다만, 중국어가 매우 능통하여 외무부 외사국장 등을 맡았습니다. 1940년에는 법무부장으로 일하였는데, 특히 백범 김구를 도와 임시정부가 중국 국민당의 협력을 얻는 데 큰 역할을 하였습니다.

해방 후에도 중국에 남아 주화대표단장(중국대사)으로서 교포의 귀국을 돌보는 일을 하다가 병을 얻어 1949년 귀국하여 곧바로 별세하였습니다. 그래서 해방 후의 역사 속에 이름이 나타나지 못했습니다. 그리고 가장 큰 이유는, 그가 이름을 팔고자 하지 않았던 진정한 지사(志士)였기 때문입니다.

1993년 서울 현충원으로 이장되었으나 묘는 그대로 남겨 두었습니다. 좌우로 비석이 두 개 있습니다. 오른쪽 작은 비석은 별세한 1949년에 세운 것입니다. 글은 임시정부에서 재무부장을 지낸 조완구가 썼는데, 이분과 함께 박찬익은 김구 주석의 오른팔·왼팔로 불렸습니다. 조완구는 해방 후에도 김구를 도와 크게 활동하였으나, 6·25 때 납북되어 1954년 타계하였습니다.

그런데 비석을 세운 날이 '개천 4406년 6월, 단기 4282(1949년)년 7월 31일'로 적혀 있습니다. 개천은 개천절의 개천(開天)입니다. 대종교에서는 단군의 아버지 환웅이 하늘과 땅, 나라를 연(開天) 때를 원년으로 하므로 단기(단군 즉위 해, 기원 전 2333년)보다 124년 거슬러 올라갑니다. 1948년 설립된 대한민국 정부는 1962년까지 단기를 썼습니다.

박찬익과 조완구는 대종교 신자였습니다. 그 밖에도 독립운동가 신채호, 박은식, 정인보, 신규식, 주시경, 최현배, 이시영, 이범석, 이동녕, 김좌진, 홍범도 등도 모두 대종교 신자였습니다. 그러나 우리가 대종교에 대해서 잘 알지 못하는 것은 일제의 대종교 말살 정책 때문이었습니다. 일제는 기독교, 불교, 유교는 종교로 인정하였지만, 대종교는 단군을 시조로 하는 종교이므로 일본의 동화정책에 저해되는 사이비 종교로 간주하여 철저히 말살하는 정책을 취해 대종교의 중심인물은 거의 다 제거되었습니다. 그 영향 때문인지 지금 현재 대종교는 신자가 많지 않습니다.

비석의 앞부분에 남파가 망우리에 묻히게 된 사연이 적혀 있습니다.

"남파 박공이 40년을 조국 광복에 헌신하다가 작년 봄에 병든 몸을 끌고 고국에 돌아와 올해 2월 20일 마침내 하늘로 가니 그 장례를 당연히 사회장으로 해야 할 것이나 공의 굳은 생각이 다만 평생에 경봉하는

독립운동가 남파 박찬익.
한국광복군을 창설하는 데 힘썼어요. (사진·위키피디아)

박찬익의 비석.
태풍으로 쓰러져 동강 난 비석을 붙인 흔적이 보여요.

대종교 의식으로 무성입토(無聲入土)를 간절히 원하여 그의 바람을 지키는 것이 애국지사에 대한 경의라 하여 동지들이 간소하게 보통 공동묘지에 공의 유언대로 장사지냈다."

남파는 동지들이 효창공원에 모시겠다는 것을 거절하고, 무성입토, 즉 조용히 흙으로 들어가기를 간절히 원하여 시민들의 공동묘지인 망우리묘지 부친 아래에 간소히 묻혔습니다.

우측의 큰 비석을 1964년에 세운 3남 박영준(1915~2000년)은 중국에서 독립군 중령이었으나 귀국 후 나라를 위하는 길에 계급이 무슨 상관있냐며 기꺼이 소령으로 군대에 들어갔습니다. 6·25 전쟁에 참전하고 1962년 소장으로 제대한 후에 한국전력 사장, 광복군 동지회장, 백범기념사업회장을 지냈습니다. 부친과 같은 건국훈장 독립장을 받았습니다.

비석 윗부분에 금이 간 것이 보입니다. 갓머리도 새것입니다. 2008년 여름에 태풍으로 쓰러져 동강이 난 상태로 있던 것을 2014년 다시 붙여서 세웠습니다. 비문의 글은 시인 조지훈이 지었는데, 마지막 부분에 매우 감동적인 글이 적혀 있습니다.

"선생의 아들 영준의 뜻을 듣고 선생 일대의 자취를 간추리노니, 깊이 감추고 팔지 않음이여 지사의 뜻이로다. 한 조각 붉은 마음이사 백일(白日, 빛나는 해)이 비치리라."

자신을 깊이 감추고 팔지 않음이 진정한 지사(志士)의 뜻이 아닐까 생각합니다. 남파는 나라를 집이라고 한다면, 잘 보이는 대들보나

기둥이 되지 않고, 흙에 묻혀 잘 보이지 않는 주춧돌(기둥을 받치는 돌)이 되겠다는 말을 남겼습니다. 백범 김구도 임시정부의 문지기가 되고자 하였습니다. 나라를 위한 일을 한다고 크게 떠들면서도 실제로는 자신의 명예와 돈과 표를 챙기는 많은 정치인에게 비석의 이 말을 꼭 전해 주고 싶습니다.

남파의 '한 조각 붉은 마음(一片丹心 일편단심)'에 망우리의 햇빛이 내리비치고 있습니다.

중랑전망대
남산까지 바라다보인다

중랑전망대에 서면 아래 가까이 시내가 보이고 멀리 북한산과 도봉산이 보입니다. 앞쪽의 작은 산이 봉화산입니다. 160m의 작은 산인데 산꼭대기에 봉화를 올리는 봉화대(혹은 봉수대)가 있어 봉화산이라 불립니다.

봉수대는 낮에는 연기로 밤에는 불을 피워 연락을 주고받는 조선시대의 통신 수단이었습니다. 봉화 하나는 평상시 아무 일이 없다는 의미, 둘은 적이 나타남, 셋은 적이 국경 가까이 쳐들어옴, 넷은 적의 침입, 다섯은 전투가 벌어졌다는 신호입니다.

봉화산의 봉수대는 함경도에서 내려온 봉화를 양주군 한이산에서 이어받아 남산으로 연결하는 역할을 맡았습니다. 봉화대가 있다는

중랑전망대에서 바라보이는 모습.
멀리 북한산과 도봉산이 보이고, 앞쪽으로 봉화산이 내려다보여요.

중랑전망대.
중랑전망대에 서면 앞쪽 멀리 북한산까지 보여요.

것은 전망이 좋다는 의미입니다. 봉화산 정상은 물론이고 중랑전망대에서도 멀리까지 잘 보입니다.

그리고 오른쪽에서 왼쪽으로 차례로 불암산, 수락산, 도봉산, 북한산이 연이어 보입니다. 산악인들은 불·수·도·북이라 하여 이 네 개의 산을 연결한 약 47km를 단번에 종주하기도 합니다. 이곳에서 불·수·도·북이 한눈에 보인다고 하여 산악인들은 감탄합니다.

왼쪽이 면목동입니다. 면목이 없어서 면목동이 아니라, 말 목장을 앞에 두고 있다고 하여 면목(面牧)입니다. 면목동은 조선 시대에 말을 키우는 나라의 목장이었습니다. 용마산이라는 이름도 그래서 생겼습니다. 자양동(雌養洞)의 자는 암컷, 즉 암말을 키웠던 곳이고, 마장동은 말 목장(馬場)의 의미입니다.

옛날의 망우리는 조선 중기부터 망우리면이라 불렸는데, 뒤쪽은 망우산, 앞쪽은 중랑천, 오른쪽은 태릉, 왼쪽은 면목동 입구까지 아우른 지역이었습니다.

서해 최학송
가난한 사람들의 삶을 그린 소설가

소설가 서해 최학송(1901~1932년) 묘 아래에 검은색 문학비가 서 있습니다.

"작가 최학송 문학비. 여기에 최학송 선생이 잠들어 있다. 함북 성진 태생인 서해는 일제하 만주와 한반도를 전전하며 곤궁하게 살다 서울서 숨을 거두었다. 그는 하층민의 현실적 삶을 반영한 소설 '고국', '탈출기', '해돋이', '홍염' 등의 문제작을 남겼다(앞면). 2004년 7월 9일 서해 서거 72주기에 우리문학기림회원. (뒷면)."

오랫동안 최학송은 교과서에 소개되지 못했습니다. 전쟁 후에 월

서해 최학송의 묘역.
가난한 사람들의 현실적인 삶을 반영한 소설 '고국', '탈출기' 등을 쓴 소설가로, 묘 아래에 검은색 문학비가 있어요.

최학송 묘의 비석.
최학송의 작품들은 북한의 이념에 적합한 작품이라 하여 한동안 학교에서 배울 수 없었어요.

북하거나 북한에 관련된 문인의 작품은 교과서에 싣지 못하였습니다. 그는 카프(KAPF·조선프롤레타리아예술가동맹)에 가입한 적이 있고, 그의 작품은 계급투쟁을 부르짖는 북쪽의 이념에 적합한 작품이었으며, 그의 아들은 북한에서 장관을 지냈습니다.

금지는 1988년 풀렸습니다. 해금 작가라고 합니다. 망우역사문화공원의 해금 작가는 최학송 외로 극작가 함세덕('동승'의 저자)이 있습니다.

최학송의 가족은 북쪽에 있어 묘를 돌볼 사람이 없었습니다. 아무도 돌보지 않아 오랫동안 헐벗었던 최학송의 묘를 사비를 들여 돌보는 사람이 있습니다. 중고교에서 국어교사를 지내고 퇴직한 정종배 시인입니다.

제가 2008년 『신동아』에 '망우리별곡'을 연재하면서 그 사연을 소개했습니다. 그런데 정종배 시인은 부인에게 이 사실을 알리지 않았던 것 같습니다. 부인의 친구가 제 글을 보고 부인에게 알려줬습니다. 원고료 같은 돈을 모아 아내 몰래 했던 일이 들통 났지만, 좋은 일을 하였으니, 부인은 웃으며 넘길 수밖에 없었습니다.

이후로 정 시인은 최학송기념사업회를 만들어 매년 기일 7월 9일 즈음에 추도식을 열고 있습니다.

간도에서의 비참한 삶을 소설로 쓴 유일한 작가

비석 앞면에 "서해최학송지묘", 뒷면에는 "'그믐밤' '탈출기' 등 명작을 남기고 간 서해는 유족의 행방도 모르고 미아리 공동묘지에 누웠다가 여기 이장되다. 위원 일동"이라고 새겨져 있습니다. '위원 일동'은 시인 김광섭 등으로 이뤄진 이장위원회를 말합니다. 미아리공동묘지가 없어지면서 1958년 망우리로 옮겨졌습니다.

소설이자 시인, 기자인 서해 최학송.
일제강점기 작가의 극도로 가난했던 간도 생활을 바탕으로 '탈출기'를 집필하여 작가로서의 이름을 얻었어요. (사진·위키피디아)

최학송은 재능뿐 아니라 인간성도 좋았는지 장례는 우리나라 최초의 문인장으로 치러졌습니다. 『삼천리』 1932년 8월호에는 많은 문인이 최학송을 추모하는 글을 실었습니다. 그리고 당시 경성의대부속병원의 외과의사 유상규(86쪽 '도산 안창호와 제자 유상규' 편 참조)는 『신동아』 잡지에서 서해의 위병은 오래전부터 제대로 먹지 못해 생긴 병이라고 썼습니다.

최학송의 소설은 매우 거친 문장이지만 독자를 끌어당기는 힘이 있습니다. 주로 간도에서의 비참한 삶을 생생하게 그린 유일한 작가로 손꼽히는데, 빈곤한 삶에 대한 거친 묘사는 자신의 체험에서 나온 것이라 매우 절절하게 전달됩니다.

대표작 '탈출기'의 주인공은 간도에서 비참한 삶을 보냅니다. 그런 삶에서 아무리 노력해도 개선될 희망이 보이지 않기에 이 삶에는 뭔가 구조적인 문제가 있다고 생각합니다. 개인의 노력으로도 어찌할 수 없는 빈곤에는 제도의 문제가 있고, 이 잘못된 구조에서 삶의 희망은 없으니, 이를 타파하기 위해선 총칼을 들고 일어나야 한다고 결심하고 집을 '탈출'해 XX단에 가입합니다.

'XX단'은 독립운동 단체를 말합니다. 여기서 '왜곡된 구조'란 '일제'를 가리켰지만, 북한은 일제 대신에 '지주 및 자본가'를 가리킨다며 정치적 목적으로 이 작품을 이용했습니다. 그래서 그는 오랫동안 조명을 받지 못했습니다만, 최근 그는 우리 문학사에서 빈곤을 개인적인 문제가 아니라 사회적인 문제로 드러낸 독보적인 작가로 새롭게 평가되고 있습니다.

국민강녕탑
최고학 할아버지가 홀로 쌓은 탑

국민강녕탑은 수십 년간 산속의 쓰레기를 주우며 망우산, 아차산, 용마산을 돌봤던 최고학(1927~?) 할아버지가 국민의 안녕과 행복을 기리며 혼자 십여 년에 걸쳐 쌓은 탑입니다. 길가의 안내판을 읽어 보겠습니다.

"노인은 왜 탑을 쌓고 있습니까? 앞에 보이는 국민강녕탑을 바라보고 지나다니는 전 국민들이여. 지나친 욕심을 버리고 남을 미워하지 않으면 자살하는 국민도 이혼하는 국민도 결혼을 못하고 늙어가는 처녀·총각도 없을 것이요. 돈이 많으면 모든 것이 해결되는 것은 아닙니다. 마음이 맞으면 행복을 만들어 갈 수 있습니다. 우리 국민의 건강과 마음이 평안해

국민강녕탑.
최고학 할아버지가 우리 국민의 건강과 마음이 편안해지길 바라는 마음으로 십여 년에 걸쳐 혼자 힘으로 쌓은 탑이에요.

 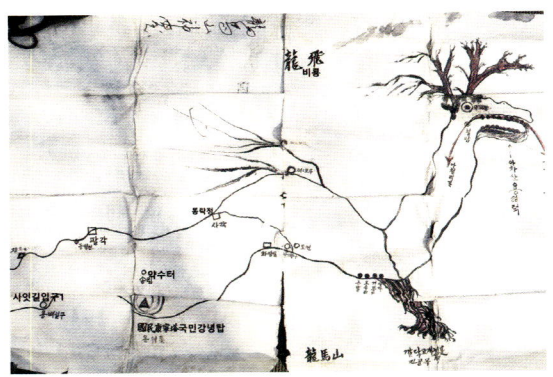

혼자 힘으로 국민강녕탑을 쌓은 최고학 할아버지.

최고학 할아버지가 그린 망우산, 아차산, 용마산 일대 모습.
용의 배꼽에 해당하는 자리에 국민강녕탑을 쌓았다고 해요.

지리라 하는 마음으로 국민강녕탑을 쌓고 여생을 보내고 있는 87세 최고학이라 합니다. 우리 국민들 소원이 꼭 이루어지기 바랍니다. 앞에 보이는 국민강녕탑은 우리 국민들 행복을 빌고 건강을 비는 탑으로 수천 년, 수만 년 보존될 것입니다."

안내판이 세워진 것은 서울 둘레길을 만들 때인 2014년입니다. 최고학 할아버지가 탑을 쌓는 작업을 할 때, 탑을 쌓는 이유를 써서 길가에 펼쳐 놓았던 종이의 내용을 그대로 옮겨 적은 것입니다.

제가 예전에 망우리에 조사하러 오면 늘 뚝딱뚝딱 돌 소리가 들려왔습니다. 어느 날 할아버지에게 어째서 이곳에 탑을 세우시냐고 물

어보았습니다. 할아버지는 자신이 직접 그린 지도를 바닥에 펼쳐 놓고 자세하게 설명해 주었습니다.

아차산 전체(망우산, 용마산을 포함)에서 용마봉이 용의 머리 부분이고, 사잇길 입구의 물이 흘러내리는 곳이 용의 배설구, 그리고 탑을 쌓는 곳이 용의 배꼽에 해당하는데 그 자리, 즉 중심에 탑을 세운다는 말이었습니다. 그림은 마치 날아가는 용(비룡)의 모습입니다.

최고학 할아버지는 해방 후 군대에 들어가 6·25전쟁에도 참가하며 14년을 근무했습니다. 전쟁 때 먼저 가버린 전우를 생각하면 자신은 아직도 살아 있어 늘 미안한 마음이었습니다. 제대 후에 면목동에서 봉제공장을 하였습니다. 은퇴 후에는 매일 산에 올라 약수를 한 통씩 마시며 쓰레기를 주우며 돌아다니는 것이 건강 비결이었습니다. 오후에는 주로 순환로 반환지점인 동락정 정자에서 장기를 두거나 산책객과 대화를 나누는 것을 낙으로 삼았습니다.

어느 날에는 자신이 얼마나 건강한지 보여주겠다며 그 자리에서 발을 구르며 뱅뱅 몇 십 바퀴나 계속 돌았습니다. 알고 보니 83세 때 (2009) SBS '세상에 이런 일이'라는 프로그램에 '제자리 600바퀴 도는 사나이'로 나왔습니다. 목소리도 쩡쩡 울릴 정도로 건강한 분이었

망우역사문화공원.
망우역사문화공원은 여러 역사 인물들을 만날 수 있는 곳이면서, 언제든 우리 마음을 따스하게 품어 줄 수 있는 공간이기도 해요.

습니다. 그러나 안타깝게도 몇 년 전부터 모습을 뵐 수가 없습니다.

 탑을 쌓는 마음, 탑을 도는 마음이란 무엇일까 생각해 봅니다. 절에 가면 탑을 뱅뱅 돌면서 손을 모아 기도하는 사람들을 볼 수 있습니다. 무언가 소망을 이루고자 하는 마음을 행동으로 표현한 것이 탑돌이입니다. 탑 쌓기도 마찬가지입니다. 사회활동에서 은퇴한 할아버지는 산의 쓰레기를 줍고 탑을 쌓는 일로 여생을 보냈습니다. 할아버지의 꾸준한 노력은 국민강녕탑이라는 모양으로 남아 있습니다.

세월을 헛되이 보내지 않고 남을 위해, 세상을 위해 탑을 쌓은 그 마음이 참으로 존경스럽습니다.

여기서 10분쯤 걸어가면 중랑망우공간에 도착합니다.

어떻습니까? 근심 하나 사라진 듯한 느낌이 드는가요? 지금 아무런 느낌이 없다는 사람은, 머리 한구석, 가슴 한구석에 아주 작은 씨앗으로 간직되었다고 생각하시기 바랍니다. 먼 훗날 어떤 일로 괴롭거나 슬프거나 외로울 때, 또 무엇을 해야 할지 어떻게 살아야 할지 잘 모를 때, 꼭 다시 찾아오시기 바랍니다. 망우역사문화공원은 언제나 여러분을 따스하게 품어 줄 것입니다.

망우역사문화공원의 주요 유명 인사

(붉은 글자는 본문 소개 인물)

No.	유명인사	묘번	생몰년도	출신	직업/분류	비고
1	강소천	개인묘지	1915~1963	함남 고원	아동문학가	동요 작사가
2	계용묵	105383	1904~1961	평북 선천	소설가	백치 아다다
3	권진규	201720	1922~1973	함남 함흥	조각가	근대조각 선구자
4	김말봉	100768	1901~1961	부산	소설가	최초 여성 장로
5	김분옥	203454	1903~1966	평남 강서	여성운동가	유관순 동창
6	김상용	109956	1902~1951	경기 연천	시인	이화여전 교수
7	김이석	203693	1915~1964	평남 평양	소설가	이중섭 동창
8	김호직	개인묘지	1905~1959	평북 벽동	영양학자	콩박사, 문교부차관
9	노필	204942	1927~1966	서울 화동	영화감독	음악영화
10	명온공주	203747	1810~1832	서울	공주	합장묘
11	김현근	203747	1810~1868	안동	부마/영의정	합장묘
12	문일평	203742	1888~1939	평북 의주	애국지사/독립장	등록문화재
13	박승빈	203610	1880~1943	강원 철원	변호사	한글연구가
14	박인환	102308	1926~1956	강원 인제	시인	+연보비
15	박희도	109628	1889~1951	황해 해주	중앙보육학교장	기미 33인
16	방정환	203703	1899~1931	서울 당주동	아동문학가	등록문화재
17	삼학병 김명근	109954	?~1946	함남 북청	학병동맹원	좌익 학병단체
18	삼학병 김성익	110014	?~1946	함남 단천	학병동맹부위원장	좌익 학병단체
19	삼학병 박진동	109955	1921~1946	경남 남해	학병동맹군사부장	좌익 학병단체
20	서광조	108919	1897~1964	전남 목포	애국지사/애족장	등록문화재
21	서동일	107266	1893~1966	경북 경산	애국지사/애족장	등록문화재
22	설의식	204325	1901~1954	함남 단천	언론인	동아일보 편집국장
23	설태희	204329	1875~1940	함남 단천	개신유학자	설의식 부친
24	신경진	개인묘지	1575~1643	서울	영의정	+신도비
25	안봉익	204419	1910~1957	함북 경성	대한중석 초대사장	텅스텐 수출
26	오긍선	203636	1878~1963	충남 공주	의사, 세의전교장	+연보비
27	오한영	203614	1898~1952	충남 공주	의사, 보사부장관	오긍선 장남
28	오기만	204390	1905~1937	황해 연백	애국지사/애국장	등록문화재
29	오세창	203733	1864~1953	서울	애국지사/대통령장	등록문화재
30	오재영	103570	1897~1948	부산	애국지사/애족장	등록문화재
31	유상규	203555	1897~1936	평북 강계	애국지사/애족장	등록문화재
32	이경숙	203364	1924~1953	경기 개성	여성운동가	유달영 비문

33	이광래	108899	1908~1968	경남 마산	극작가	예술원회원
34	이병홍	205129	1891~1955	경남 산청	국회의원	반민특위 조사부장
35	이영준	203620	1896~1968	대구	국회부의장	의사, 오긍선 제자
36	이영학	203566	1904~1955	평북 선천	흥사단원	동아일보 선천지국
37	이인성	203574	1912~1950	대구 북내동	화가	근대유화가 1위
38	이중섭	103535	1916~1956	평남 평원	화가	근대유화가 2위
39	장덕수	109257	1894~1947	황해 재령	언론인/정치인	부부 합장묘, +연보비
40	박은혜	109257	1904~1963	평남 평원	경기여고교장	부부 합장묘, +연보비
41	조봉암	204717	1899~1959	경기 강화	초대농림부장관	진보당 창당
42	지석영	202541	1855~1935	서울 낙원동	의사	종두법, 한글학자
43	차중락	105689	1942~1968	서울 신당동	가수	최초의 '오빠'
44	최신복	203704	1906~1945	경기 수원	아동문학가	방정환 후배
45	최학송	205288	1901~1932	함북 성진	소설가	+문학비
46	한용운	204411	1879~1944	충남 홍성	애국지사/대한민국장	등록문화재
47	함세덕	109513	1915~1950	경기 강화	극작가	'동승' 원작자
48	허연	109805	1896~1949	평남 순안	교육가/경제학자	흥사단원
49	사이토 오토사쿠	–	1866~1936	일본	산림관료	초대 산림과장
50	아사카와 다쿠미	203363	1891~1931	일본	민예연구가	임업시험장
이장 후 비석/연보비 존재 인사						
51	강학린	추념비	1885~1941	함북 성진	애국지사/애족장	가수 강수지 증조부
52	김봉성	비석	1900~1943	평남 강서	애국지사/건국포장	도산 조카사위
53	김승민	비석	1872~1931	함남 함흥	애국지사/애국장	만주 독립운동
54	문명훤	비석/연보비	1892~1958	평남 평양	애국지사/애족장	흥사단원
55	박원희	비석	1899~1928	대전	애국지사/애족장	부부, 사회주의 독립지사
56	김사국	비석	1892~1926	충남 논산	애국지사/애족장	
57	박찬익	비석 2개	1884~1949	경기 파주	애국지사/독립장	김구 측근
58	서병호	비석/연보비	1885~1972	황해 장연	애국지사/애국장	최초 유아세례자
59	송석하	비석	1904~1948	경남 언양	민속학자	민속학 선구자
60	안창호	비석	1878~1938	평남 강서	애국지사/대한민국장	임시정부 지도자
61	이영민	비석	1905~1954	경북 칠곡	야구선수	최초의 홈런왕
62	이탁	비석	1898~1967	경기 양평	애국지사/애국장	조선어학회원
기념탑/기념비						
63	13도창의군탑	동아일보	1991		기념탑	허위/이인영
64	국민강녕탑	개인	2014		기원탑	최고학(1927)
65	노고산천골취장비	201616	1938		합동추모비	무연분묘
66	이태원묘지무연분묘	100036	1936		유관순 합장묘	무연분묘

망우역사문화공원 찾아가는 길

■ 대중교통

– 첫째 날 코스, 13도창의군탑

전철 상봉역 5번 출구나 망우역 1번 출구로 나와 구리/남양주시 방면 버스 3, 30, 51, 65, 88, 165, 166-1, 167, 201, 202 및 서울버스 270번을 타고 '동부제일병원·망우리공원' 정거장에 하차합니다. 우측으로 건너가 고개 방향으로 200m 올라가, 오른쪽 운동장 쪽으로 들어가 끝까지 가면 화장실이 나오고 왼편에 13도창의군탑이 보입니다.

– 둘째, 셋째 날 코스

전철 상봉역 5번 출구나 망우역 1번 출구로 나와 구리/남양주시 방면 버스 65, 165, 166-1, 201, 202번을 타고 '동부제일병원·망우리공원' 다음의 '망우리역사문화공원' 정거장에 내려, 위로 7분쯤 올라가면 중랑망우공간이 나옵니다. '동부제일병원·망우리공원' 정거장에 내려서 가면 15분쯤 걸립니다.

■ 자동차

내비게이션에 '서울 중랑구 망우로 91길 2 혹은 중랑망우공간'을 입력하고 가다 보면 고개에 망우역사문화공원이라고 쓴 다리가 보입니다. 서울 쪽에서 오는 경우는 망우리 고개의 다리 밑을 지나자마자 우회전하여 쭉 올라갑니다. 경기도 쪽에서 오면 고개의 다리를 지나 우회전하여 다리를 넘어 끝까지 올라갑니다. 봄가을 토요일 오후는 길이 막히니 여유 있게 나서야 합니다. 주차장이 매우 좁으니 가급적 대중교통을 이용합니다. 근처에 주차장이 추가로 조성될 예정이니 최신 상황을 '망우역사문화공원' 사이트에서 확인 바랍니다.

■ 택시

간혹 아래의 운동장(13도창의군탑)으로 데려다 주는 택시가 있으니 위의 주소로 내비게이션을 찍게 하거나, 반드시 "망우리 고개 꼭대기의 다리를 지나자마자 우측으로 급하게 틀어서 올라가 주세요"라고 말합니다.

왜 천천히 읽기를 해야 하는가?

'천천히 읽는 책'은 그동안 역사, 과학, 문학, 교육, 지리, 예술, 인물, 여행을 비롯해 다양한 주제와 소재를 다양한 방식으로 펴냈습니다. 왜 천천히 읽자고 하는지 궁금해하는 독자들이 있어서 몇 가지를 밝혀 둡니다.

- '천천히 읽는 책'은 말 그대로 독서 운동에서 '천천히 읽기'를 살리자는 마음을 담았습니다. 천천히 읽기는 '천천히 넓고 깊게 생각하면서 길게 읽자'는 독서 운동입니다.

- 독서 초기에는 쉽고 가벼운 책을 재미있게 읽을 수 있는 방법으로 시작해야겠지요. 그러나 독서에 계속 취미를 붙이기 위해서는 그 단계를 넘어서 책을 깊이 있게 긴 숨으로 읽는 즐거움을 느낄 수 있어야 합니다. 그래야 문해력이 발달합니다.

- 문해력이 발달하는 인지 발달 단계는 대체로 10세에서 15세 사이에 시작합니다. 음식을 천천히 씹으면서 맛을 음미하듯이 조금 어려운 책을 천천히 되씹어 읽으면서 지식을 넘어 새로운 지혜를 깨달을 수 있습니다.

- 독서 방법에는 다독, 정독, 심독이 있습니다. 천천히 읽기는 정독과 심독에서 꼭 필요한 독서 방법입니다. 빨리 많이 읽기는 지식을 엉성하게 쌓아 두기에 그칩니다. 지식을 내 것으로 소화하기 위해서는 정독이 필요하고, 지식을 넘어 지혜로 만들기 위해서는 심독이 필요합니다.

- 어린이들한테는 쉽고 가볍고 알록달록한 책만 주어야 한다고 생각하는 어른들이 있습니다. 그러나 독서력이 높은 아이들은 어렵고 딱딱한 책도 독서력이 낮은 어른들보다 잘 읽습니다. 그런 기쁨을 충족하지 못할 때 반대로 문해력도 발달하지 못하면서 책과 멀어지게 됩니다.

'천천히 읽는 책'은 독서력을 어느 정도 갖춘 10세 이상 어린이부터 청소년과 어른까지 읽는 책들입니다. 어린이, 청소년과 어른들(교사와 학부모)이 함께 천천히 읽으면서 이야기를 나눌 수 있는 읽기 자료가 되기를 바라는 마음에서 만들고 있습니다.